HÁ UM LUGAR
PARA MIM
NA CASA DO
MEU PAI

PATRÍCIA ESPÍRITO SANTO

HÁ UM LUGAR PARA MIM NA CASA DO MEU PAI

autêntica

Copyright © 2024 Patrícia Espírito Santo
Copyright desta edição © 2024 Autêntica Editora

Todos os direitos reservados pela Autêntica Editora Ltda. Nenhuma parte desta publicação poderá ser reproduzida, seja por meios mecânicos, eletrônicos, seja via cópia xerográfica, sem a autorização prévia da Editora.

EDITORAS RESPONSÁVEIS
Rejane Dias
Cecília Martins

PREPARAÇÃO
Sonia Junqueira

REVISÃO
Samira Vilela

CAPA
Diogo Droschi
(sobre fotografia de Ivanovitch Ingabire)

DIAGRAMAÇÃO
Waldênia Alvarenga

FOTOGRAFIAS
Patrícia Espírito Santo

MAPA
Gabriel Nascimento

Dados Internacionais de Catalogação na Publicação (CIP)
(Câmara Brasileira do Livro, SP, Brasil)

Espírito Santo, Patrícia
   Há um lugar para mim na casa do meu pai / Patrícia Espírito Santo. -- Belo Horizonte : Autêntica , 2024.

   ISBN 978-65-5928-390-3

   1. Refugiados africanos 2. Relatos pessoais 3. Migração forçada I. Título.

24-195493   CDD-305.9

Índices para catálogo sistemático:
1. Refugiados africanos : Relatos pessoais : Sociologia 305.9

Cibele Maria Dias - Bibliotecária - CRB-8/9427

Belo Horizonte
Rua Carlos Turner, 420
Silveira . 31140-520
Belo Horizonte . MG
Tel.: (55 31) 3465 4500

São Paulo
Av. Paulista, 2.073, Conjunto Nacional
Horsa I . Sala 309 . Bela Vista
01311-940 . São Paulo . SP
Tel.: (55 11) 3034 4468

www.grupoautentica.com.br
SAC: atendimentoleitor@grupoautentica.com.br

Aos que buscam paz.

1. **Tempo de ir** 17
2. **Triplo P** 23
3. **Dzaleka** 27
4. **R. D. Congo** 31
   Aisha 37
   Jeremy 47
   Mulasi 55
   Moses 59
   Hipócrates 68
5. **Abandono** 75
6. **Malawi – o coração quente da África** 91
7. **Ruanda** 99
   Jaquelina 102
   Hassan 105
8. ***What's the problem?*** 111
   Olivier 113
   Emmanuel 125
9. **Burundi** 131
   Fabrice 132
   Jolie 136
   Felly 139
10. **Tempo de seguir** 145

1
TEMPO DE IR

Naquela altura, minhas malas estavam prontas. Eram quatro, no total, incluindo a de mão, na qual coloquei as poucas roupas que planejava levar para passar aqueles doze dias. Nas bagagens a serem despachadas, pouco mais de três mil escovas de dentes – a maioria infantis, com carinhas de bichinhos –, que eu havia ganhado de dentistas que, por sua vez, ganharam de outros dentistas. Também havia quatro máquinas de costura reta domésticas, duas delas mal saídas das caixas e duas antigas. Haveriam de servir. Onde não há nada, um pouco é capaz de fazer uma revolução.

Tecidos, linhas, tesouras, agulhas, o universo da costura que há poucos anos passou a dominar minha rotina. Tinha ainda os moldes que suei para fazer. Não sou um ás no ofício, mas acho que posso ensinar a quem sabe menos que eu. Foi, inclusive, o que respondi à coordenadora do projeto Nação Ubuntu, da Organização Fraternidade sem Fronteiras,[1] quando ela perguntou se eu sabia costurar.

Desde sempre (apesar de eu não saber ao certo quando) desejei ir para o continente africano. Não quero dizer *ir ao* e sim *ir para*.

---
[1] Para saber mais, acesse: www.fraternidadesemfronteiras.org.br.

Uma distinção: *ir a algum lugar* para mim tem conotação de passeio, viagem de turismo, para bispar aqui e ali. *Ir para* significa penetrar as entranhas, pegar a estrada, sujar os pés, manchar os olhos, acumular terra por debaixo das unhas.

É comum observar o mapa da África e enxergar um continente cheio de florestas e animais perigosos, ideal para visitar e fazer um safári usando roupas cáqui e chapéu típico de explorador em busca de aventuras. É o que mostram muitos documentários feitos para a TV e para livros escolares. Claro que há um pouco disso, porém essa está longe de ser a África real. O que menos vi, durante as vezes que estive lá, foram árvores frondosas e animais que me botassem medo. Ao contrário: vi um solo tão seco que chega a rachar, assim como adultos e crianças à espera de ter o que fazer, ao invés de estarem trabalhando ou estudando.

Me chamaram a atenção as brincadeiras das crianças. Elas amam bola, mas não há bolas como as que estamos habituados a ver. Improvisam enrolando pedaços de plástico que encontram em suas andanças soltas pelo campo. Também não vi bonecas, muito menos carrinhos sendo puxados. Meninas e meninos brincam com os irmãos bebês, são eles os bonecos com necessidades vivas: pedem comida, sentem sede, fazem cocô e xixi, precisam trocar as fraldas, que também não têm. A única vez que vi algo parecido com uma boneca foi a cabeça de um manequim de loja. As crianças estão acostumadas a ter as coisas em fragmentos, o todo em partes separadas. Os carrinhos são substituídos por galões de plástico amarelo; são arrastados pelas mãos ou por fios amarrados neles, na maioria das vezes, vazios, à espera de uma brecha na fila dos poços artesianos para enchê-los.

Há escassez de tudo. Em uma noite fria, em torno de um violão, tivemos a ideia de fazer uma fogueira. Só não imaginávamos que seria tão difícil conseguir lenha. Fora dos grandes centros, o nativo usa de tudo para ter fogo: garrafa pet, lixo, estrume. Carvão, só quando há dinheiro de sobra; e nunca há.

Em meus primeiros dias em Dzaleka, registrei a ausência de pássaros, minhocas, baratas e até moscas. Usei repelente, temendo contrair malária já no primeiro dia. Onde não há vegetação, não há insetos, pássaros nem cobras. Os únicos animais que vi foram cabras criadas soltas pelas ruas, disputando o lixo com quem não consegue nada para comer no dia.

Em dezembro de 2019, o projeto Alimentos Sem Fronteiras[2] – da ONG brasileira Fraternidade sem Fronteiras – iniciou o cultivo de agroflorestas e, aos poucos, está atraindo a vida animal e "plantando água" no entorno do campo de Dzaleka. Cerca de 400 refugiados (a maioria, mulheres que criam seus filhos sozinhas e precisavam recorrer à prostituição para alimentá-los) trabalham nas hortas do projeto.

Era essa a África que sempre desejei conhecer e experimentar. A África que eu sabia que existia, local onde vivem pessoas de crenças extraordinárias com quem eu teria muito a aprender. O que os amigos que fiz por lá têm que mais me impressiona é a fé. Não importa que nome se dê a deus, ele está no comando. Não importa o quanto se sofreu, o quanto se perdeu, a falta de perspectiva de melhorar em curto e em médio prazo: "deus proverá". Eles *vivem a fé*, e não apenas uma crença religiosa.

"Há um lugar para mim na casa do meu pai" foi a frase que ouvi que melhor ilustra a fé que presenciei. Eles têm certeza de que um dia ficarão bem, independentemente do lugar para onde estejam indo, pois Dzaleka, apesar de significar "fim da linha" em chichewa, língua local, não é assim considerado por ninguém.

Apesar de acreditar na existência de uma energia suprema que nos rege, por muito menos eu já teria sucumbido. O refugiado, não: ele se levanta com o sol, abre um sorriso, canta e dança louvando mais um dia que de fácil nada terá. Pode parecer incoerente. Eu mesma me questiono sobre por que pessoas tão ligadas à espiritualidade são capazes das atrocidades nos moldes das que relato neste livro. Também presenciei atitudes de solidariedade que dificilmente se encontra em outros lugares.

---

[2] Para saber mais, visite o Instagram @alimentossemfronteiras.

Quando estive em Dzaleka pela primeira vez, fui junto com profissionais de saúde. Um grupo de fisioterapeutas e terapeutas ocupacionais decidiu ensinar exercícios a refugiados que se dedicam a cuidar de crianças com necessidades especiais sem conhecimento de técnicas adequadas. Os profissionais perceberam que, quando chegava a hora do almoço, todos iam embora e só voltavam no outro dia. Não ter o que comer era a principal razão disso: cada um, voluntários e crianças assistidas, ia para sua casa passar fome sozinho, em seu canto, talvez dormir para tapear o estômago. A solução encontrada pelos fisioterapeutas foi comprar mantimento suficiente para alimentar a todos, ao menos nos dias em que estivessem trabalhando juntos.

O resultado não foi o planejado. O que compraram não durou um único dia. Sem consultar os doadores, a equipe de refugiados que administrava o local decidiu dar outro destino à farinha de milho e aos vegetais separados para alimentar as crianças. Durante a noite, cozinharam tudo e mataram a fome de refugiados que sofriam de desnutrição severa.

Não faz sentido, para eles, guardar alimentos quando há gente por perto morrendo de fome naquele exato momento. Este é o significado de *Ubuntu*: "Eu sou porque nós somos". Só consigo sobreviver se meu semelhante também conseguir. Não que eles sejam pessoas puras de coração, apenas: são práticos, têm lógica e, acima de tudo, fé. Fé que, da mesma forma que aquela comida apareceu, outras porções hão de surgir. Hoje foram eles que levaram, amanhã as posições podem ser invertidas. A vida tem que vencer a morte; ela é soberana.

A possibilidade de ver tudo isso *in loco* era o que mais me seduzia. Eu partiria no sábado. Era sexta-feira, por volta das 5 da tarde, quando decidi tomar banho. Em poucas horas os amigos chegariam em nossa casa para comemorar o aniversário de meu marido e, naquele ano, 2019, festejaríamos antes da data, uma vez que, no dia certo de soprar as velas, eu estaria no Malawi, em minha primeira viagem a Dzaleka.

Tirei toda a roupa e liguei o chuveiro. Enquanto esperava a água esquentar, me sentei no vaso sanitário. Em poucos segundos, senti uma cólica intestinal terrível. Suando frio, segurei a testa, me contorci. Senti meu corpo perder as forças e as pernas bambearem. Fiquei ali por quase meia hora, sofrendo calada, sozinha, temendo que meu marido entrasse no banheiro e me visse naquela situação. Meu medo era de ser impedida de pegar o ônibus de Belo Horizonte a São Paulo na noite seguinte e o avião rumo ao Malawi, passando pela África do Sul, no outro dia. Evacuei sangue. Aquilo não era fruto de uma refeição estragada. Era algo que eu não seria capaz de explicar naquele momento, mas sobre o qual criei desconfianças.

Ao longo da vida, aprendi a manter a elegância nos momentos difíceis. Aos poucos administrei as dores, as corridas ao banheiro, a recepção aos amigos, as risadas, mesmo que poucas, naquela noite. Em determinada hora, logo após servir aos convidados o último prato quente, chamei minha irmã de canto e pedi que ela cuidasse de tudo para mim a partir dali, porque algo havia me feito mal e eu precisava me deitar. Meus amigos, acostumados a me ver sair à francesa quando me dá sono, não se surpreenderiam ao perceber que eu havia sumido.

Me deitei rezando fervorosamente para melhorar o suficiente para embarcar. Descartei tudo o que pudesse denunciar que eu estava evacuando sangue, principalmente porque um câncer no intestino do meu marido havia nos assustado anos antes.

Como fruto de tudo isso, colhi o fato de ter demorado mais de uma semana para conseguir evacuar novamente e, principalmente, uma força sobre-humana para suportar o que viria depois: ver e perceber muita dor e, sobretudo, muita força naqueles que se tornaram meus amigos, com quem iria trabalhar, rir, chorar e, acima de tudo, amar. Essa é a história deles.

Todo o sangue que eu perdi naquela noite de sexta-feira me preparou física e espiritualmente para ir e voltar a Dzaleka inúmeras vezes, para me enfronhar por seus becos sem derramar uma única lágrima, não por falta de motivos, mas, acima de tudo, por respeito aos que largam tudo e todos e seguem sem destino o destino que lhes cabe.

2
TRIPLO P

Triplo P – assim Peter nomeou nossa parceria. Peter, Patrick e Patrícia: uma trinca cuja missão era ouvir histórias de refúgio. Peter é o coordenador do Departamento Psicossocial do Projeto Nação Ubuntu; Patrick, além de pertencer a essa mesma equipe, desempenha a função de tradutor, e eu coordeno a oficina de costura. Já nos conhecíamos há tempos, mas essa foi a primeira vez que trabalhamos juntos. Eles são congoleses e eu, brasileira.

Os dois me ajudaram a encontrar refugiados que estivessem dispostos a nos contar suas vidas desde que nasceram até chegarem ali. Não são apenas meus fiéis companheiros e produtores, mas também meus interlocutores. Anteciparam perguntas que deveriam ter saído de minha boca. Entendi que de alguma forma eles sabiam o que viria como resposta e queriam que eu ouvisse, pois vivem os mesmos dramas.

Evitaram me contar diretamente suas histórias de vida, mas o fizeram através de perguntas que, camufladas de espontaneidade, dirigiam aos entrevistados. Quem chega pedindo auxílio ao projeto passa pela triagem do psicossocial. Foram os Ps que escolheram a maioria das pessoas com as quais conversamos. A única coisa que pedi foi que encontrassem refugiados que representassem a diversidade que se vê no campo.

Sempre que pegávamos o caminho de volta para o projeto, após as conversas, Peter e Patrick davam sua versão do contexto político, religioso e cultural da pátria e da etnia do entrevistado. Pelo tom de voz deles, percebi suas preferências e a quem imputam a culpa pelos conflitos, mas, independentemente disso, os dois trataram hutus e tutsis, militares, rebeldes e perseguidos da mesma maneira, sempre carinhosos e acolhedores. Posicionaram todos como pessoas dignas, merecedoras da minha atenção e da atenção do mundo para os problemas do refúgio.

Peter tem uma leve diferença entre uma perna e outra que o faz mancar, o que não o impede de fazer questão de chamar atenção para sua aparência. Adora usar tênis coloridos e da moda, mas são as armações de seus óculos, a maioria sem lentes, que o enquadram em um estilo muito seu. Um dia vou descobrir o que ele vê através do vácuo em que, no meu caso, estão as lentes com grau sem as quais tudo fica embaçado.

Seu sorriso, charmoso e cativante em momentos de descontração, dá lugar a uma expressão de seriedade e compaixão quando ouve os relatos. Vive com os irmãos em uma pequena casa e, quando não está trabalhando, está se divertindo nos festivais de poesia, música e dança que acontecem no campo.

Sempre que estou em Dzaleka, Peter me leva a algum evento cultural. Apesar de não conseguir acompanhar o significado das músicas, dos poemas e muito menos entender as piadas (que são frequentes), me divirto vendo a alegria deles, a maioria jovem, muitos nascidos e criados no campo de onde nunca saíram.

Patrick trabalha na tradução do suaíli, do inglês e do francês para o português e qualquer outra palavra em dialetos comuns dentro do campo. Da República Democrática do Congo, passou pela Tanzânia e por Moçambique antes de se enraizar em Dzaleka. É muito mais que um intérprete. Incorpora perfeitamente a ideia do *tradutor traidor* ao não perder a oportunidade de colocar suas impressões naquilo que traduz.

Os enormes olhos pretos mareados, suspirando no auge da dor de cada um, se fixam ora no entrevistado, ora em mim, demonstrando o desejo de fazer que as palavras escolhidas sejam bem compreendidas e assimiladas. Ele tem expressões marcantes, um olhar profundo com o qual passa a impressão de que estar ali, fazendo o que faz, é sua grande missão de vida. Entre as pessoas com as quais convivo no campo, vejo em Patrick o maior defensor dos refugiados. Faz de tudo para convencer qualquer um de que é possível e, principalmente, necessário ajudá-los.

Em 2022, teve sua primeira filha com a segunda esposa, com quem vive no campo, em uma pequena casa na qual também acolhe a irmã e os filhos dela, fugidos da perseguição à família na República Democrática do Congo. A irmã de Patrick presenciou a morte, por golpes de facão e esquartejamento, do marido e de um dos filhos. Patrick deixou em Moçambique a ex-esposa com seus dois filhos homens, para quem, sempre que possível, envia dinheiro.

Na maioria das vezes, precisávamos intercalar os depoimentos com momentos de dispersão e distração. Quem quer Kombucha? Rindo e gritando, corríamos os três para a pequena loja de conveniência do posto de combustível na entrada do campo ou para algum dos minimercados, onde se vende de tudo um pouco e quase nada, em meio aos becos de Dzaleka.

Prefiro os refrigerantes de gengibre (melhor ainda se for da marca Sobo), mas Patrick e Peter sempre escolhem a Kombucha. Pago, por garrafinha – nem quente nem gelada, porém saída do refrigerador –, um dólar americano, o equivalente a um dia de trabalho de um refugiado ou nativo nos campos agrícolas. Uma incoerência, por certo, mas, mais do que isso, uma necessidade de recompor nossas alegrias e buscar uma forma de nos dissociarmos. Apenas fingir, por alguns minutos, que estamos muito longe dos problemas dali.

3
DZALEKA

Há organizações que buscam estabelecer a paz em Burundi, Ruanda e na República Democrática do Congo, mas ainda não foi possível alcançá-la. Os nativos sabem que os acordos de paz são hipócritas, não passam de palavras soltas, longe da realidade em que vivem.

Patrick se recusa a pisar no país de onde saiu aos 12 anos e critica os presidentes que, nos palanques e nas reuniões de líderes mundiais, incentivam os refugiados a voltarem para sua terra natal.

"Basta voltar para morrer, essa é a verdade. Por que você acha que os campos de refugiados da Tanzânia não têm espaço para mais ninguém? Por que Dzaleka enche cada vez mais? Quem matou está pronto para matar quem conseguiu fugir. E o que dizer das vítimas? Se encontrarem seus perseguidores, não pensarão duas vezes antes de dar o troco.

"Nossos pais, nossas famílias nos contaminaram com seu ódio ancestral. Tutsis e hutus se odeiam, rebeldes e governos alternam o poder e se odeiam, sendo que no fundo ninguém tem razão. Todos são iguais. Quando se chega aqui em Dzaleka, se consegue dormir e acordar sem medo de ser morto a cada rajada do vento ou som de criança gritando, mesmo sabendo que ao lado vivem pessoas da etnia que te afugentou. Dizemos que isso significa paz. Mas de fato o que estamos semeando não é paz. Ódio e rancor – estes, trouxemos junto de nós. Não sei se será possível nos perdoarmos uns aos outros. São séculos de conflitos, muita violência em todas as gerações."

Dzaleka é um campo de refugiados aberto em 1994 para atender o enorme fluxo migratório ocasionado pela perseguição aos tutsis pelos hutus em Ruanda e Burundi, assim como pelas guerras civis na República Democrática do Congo e pela fome e os conflitos diversos que assolam outros países do continente africano. Um campo emergencial planejado para receber até 10 mil pessoas tornou-se uma cidade enorme, que em 2023 abrigava 55 mil pessoas. Dzaleka não consegue se desfazer do estigma e do destino de ser depósito de pessoas sem posses, sem documentos e sem nação.

No local, a cerca de 50 quilômetros da capital Lilongwe, funcionava uma penitenciária até o início dos anos 1990, para onde eram enviados os piores criminosos que, segundo a justiça, mereciam sair de cena. Em meio a casebres e barracos, ainda há restos da alvenaria que abrigava o presídio. Hoje, entre congoleses, ruandeses, burundianos e tantas outras nacionalidades, o que se vê ainda é uma prisão que não gastou tijolos, cimento, muito menos mão de obra barata, nem sequer patrulhas.

Dali não se pode sair para trabalhar ou estudar, nem mesmo para passear. Não há barreiras físicas, nem arame farpado, mas todos sabem os limites. Há poucos muros, e eles isolam principalmente os prédios da Agência da ONU para Refugiados (ACNUR).

Como nem todos aceitam as regras, todo dia há histórias de surras e prisões do lado "de fora". Em 2023, durante minha temporada lá, ocorreu uma grande perseguição aos refugiados que estavam em Lilongwe. Em um só dia, prenderam 350 deles nas ruas da capital. Uns já estavam estabelecidos e tinham pequenos negócios, outros estavam matriculados em escolas ou tinham ido ao comércio comprar algo que não se encontra no campo. Ficaram retidos e praticamente isolados por três dias. Ao final, foram colocados em ônibus e despejados em Dzaleka. Junto deles, o aviso: "Não saiam daí, ninguém os quer aqui fora". Cada um daqueles que desceram dos ônibus perdeu tudo novamente.

Há escolas dentro do campo, a maioria administrada por malawianos, porém nenhuma delas é gratuita. O que se vê por todo lado são crianças perambulando em bandos pelas ruas à procura do que fazer: sem atividade, sem comida, sem água, sem atenção. As que ainda não são capazes de andar são carregadas pelos irmãos mais velhos. São crianças pequenas criando crianças ainda menores. Várias delas são filhas-mães, meninas mal saídas da puberdade, na maioria das vezes carregando o fruto de um estupro.

Quem consegue trabalho o faz no comércio, concentrado também nas mãos dos malawianos ou de refugiados que tinham posses em seus países de origem e conseguiram planejar suas fugas. Os que pouco têm (a maioria) revendem tomates, ovos, sal, legumes e carvão na porta de suas casas. Outros produzem tijolos removendo a terra próxima a pequenos córregos que mais se assemelham a esgotos a céu aberto. Ali coletam a água, a terra e deixam os tijolos secando ao sol. Sem ingrediente capaz de formar uma massa sólida e resistente, eles se esfarelam com muita facilidade, obrigando as construções a serem baixas, com janelas pequenas (em média, têm 40 centímetros de abertura).

A primeira tradutora que tive em Dzaleka, uma congolesa com pouco mais de 20 anos, se chamava Grayce. Para cada roupa, usava uma peruca diferente, ora de fios anelados, ora lisos. No campo, muitas mulheres optam por manter os cabelos bem curtos, o corte rente ao couro cabeludo, o que facilita a colocação de adereços. Nos primeiros dias, a variação de estilos de Grayce me causava uma enorme confusão quando ela chegava. "Será ela?" Sempre era.

No intervalo do almoço, muitas mulheres que trabalham na agricultura nas machambas (hortas) do projeto Alimentos Sem Fronteiras, em Dzaleka, aproveitam para trançar os cabelos umas das outras. Fios sintéticos são amarrados aos naturais, que, para não se soltarem facilmente, precisam ser puxados o máximo possível.

Isso causa muita dor no couro cabeludo, principalmente nos primeiros dias, mas elas se acostumam a esse incômodo desde crianças, quando as mães fazem os primeiros penteados em fios mal acabados de nascer.

Essa é uma das maneiras de demonstrar resistência. O que é a dor senão algo que se deve aprender a administrar? Aquelas tranças vão muito além da vaidade, assim como as cores vivas e estampas exuberantes de suas roupas. Nos corpos, a forma de manifestar o que trazem na alma. Aos domingos, as ruas e vielas do campo de refugiados se transformam em verdadeiras passarelas *fashion week*. Tanto mulheres como homens, todos com o mínimo de condição para gastar com vestuário o fazem com primor quando o objetivo é ir ao culto ou à igreja.

Grayce falava ao pé do meu ouvido sempre que nossa comunicação era difícil. Acreditava que eu não a estava ouvindo, quando meu inglês muito restrito é que tornava nossa conversa atravessada.

– Grayce, você tem família no Congo?
– Não sei, não sei de meus pais e meus irmãos, não sei de ninguém.
– Você tem vontade de voltar?
– Não, nenhuma.
– Por quê?
– Porque aqui encontrei paz.

4
R. D. CONGO

A grande exploração do continente africano por nações estrangeiras se deu principalmente após a Conferência de Berlim, que, entre 1884 e 1885, estabeleceu a partilha e a divisão dos territórios, transformando-os em colônias. Conhecida também como Conferência da África Ocidental ou Conferência do Congo, reuniu Itália, França, Grã-Bretanha, Dinamarca, Espanha, Estados Unidos, Alemanha, Império Otomano (atual Turquia), Portugal, Bélgica, Holanda, Suécia, Rússia e Império Austro-Húngaro (atuais Áustria e Hungria) e teve como objetivo tentar dar um fim às tensões e aos conflitos entre os países ocidentais que já exploravam a região em busca de matéria-prima e novos mercados consumidores, demanda crescente a partir da Revolução Industrial.

Aos africanos, o que restou? Resistir, no início, para depois sucumbir ao domínio. Os exploradores não levaram em consideração características culturais, sociais, étnicas e linguísticas das populações, fazendo a partilha de acordo com suas preferências. A África foi tratada como se nela não houvesse africanos.

Ao rei da Bélgica, Leopoldo II, coube receber como possessão pessoal o Reino do Congo (morreu sem nunca ter colocado os pés lá), por ele denominado Estado Livre do Congo. Essa decisão apenas reforçou a autoridade, com poderes absolutos, de que sua família já gozava naquelas terras desde 1878. A maior cidade da colônia chamava-se Léopoldville (atual capital, Kinshasa). No continente africano existem dois países que têm Congo no nome. Um chama-se República Democrática do Congo – ex-colônia de Leopoldo II e da Bélgica – e o outro, República do Congo – ex-colônia francesa. A origem dos nomes vem do rio Congo, que passa pelos dois países.

Através do trabalho forçado, por trinta anos, Leopoldo II e seus apoiadores exploraram marfim e borracha às custas de 8 milhões de vidas nativas, segundo estimativas. Chibatadas com chicotes feitos de couro de hipopótamo, de tiras compridas e afiadas nas pontas, eram aplicadas nas nádegas como punição a quem cometesse erros ou equívocos, a qual, conforme a sentença, muitas vezes levava à morte.

Os administradores da colônia faziam da chantagem uma de suas armas mais eficazes. Entravam nas aldeias, sequestravam mulheres e filhos dos homens nativos. Para resgatá-los, cada trabalhador deveria atingir uma cota de extração de marfim ou de borracha, dependendo da época. Os que não conseguiam ou se recusavam a trabalhar tinham a mão direita decepada a golpes de facão. As mãos cortadas eram colocadas em cestos e entregues às autoridades como prova do castigo. Entre elas, havia também mãos de negros mortos durante rebeliões e protestos contra o regime, que se beneficiava das animosidades entre aldeias nativas fornecendo armas de fogo para um ou outro lado dizimar seus inimigos.

Para cada cartucho utilizado, os soldados da Force Publique precisavam apresentar uma mão direita decepada – fosse de um vivo ou de um morto. Era a forma de evitar o desperdício de munições com caça ou em atritos por questões pessoais. A Force Publique foi organizada por Leopoldo II, em 1888, e chegou a ser o mais poderoso exército da África Central. Até o início dos anos 1960, nenhum nativo alcançou altas patentes entre seus oficiais.

Graças a denúncias feitas, no início do século XX, pelo escritor e jornalista britânico Edmund Dene Morel, o missionário presbiteriano William Sheppard e o administrador britânico Roger

Casement, através da Associação da Reforma do Congo, o mundo ocidental tomou conhecimento das atrocidades cometidas no país. Os três colocaram suas reputações em jogo e foram caluniados, acusados de falso testemunho em tribunais europeus e americanos, até que a situação ficou insustentável após pressões feitas pela opinião pública revoltada com os fatos amplamente divulgados pela imprensa.[3]

Passaram-se anos até que Europa e Estados Unidos prestassem atenção no que acontecia por lá. Afinal, todos cometiam atrocidades em seus terreiros. Ordens de extermínio eram comuns nas colônias europeias: portugueses, alemães, ingleses, nenhum deles estava disposto a lidar com as consequências diplomáticas de dar ouvidos a problemas envolvendo a relação entre o rei belga e os africanos.

Assim, em 1908, o Estado Livre do Congo foi retirado das mãos da coroa e se tornou o Congo Belga. A colônia não permitia mais decepar mãos, porém o governo da Bélgica manteve a exploração desenfreada da borracha em solo congolês e teve seu interesse no território ampliado com a descoberta de minas de ouro, cobre e urânio. Ao invés de trabalho forçado e mãos decepadas, os nativos passaram a pagar altos tributos ao governo belga para viver no território onde nasceram. Mesmo após ter sido desmascarado e reconhecido internacionalmente como um grande tirano, até o final do século XX, rei Leopoldo II figurou como um grande herói nos livros escolares europeus e africanos.

Para aumentar a oferta de mão de obra para as minas, na década de 1930, as autoridades belgas encorajaram nativos de duas de suas outras colônias, Ruanda e Burundi, a emigrar para o Congo. Os ruandeses eram identificados como banyarwanda, e descendentes de tutsis nascidos no Congo Belga passaram a ser denominados banyamulenge. Desde aquela época, tanto banyamulenges quanto banyarwandas encontram dificuldades em serem reconhecidos como congoleses por parte da população. Ainda são considerados

---

[3] O livro *O fantasma do Rei Leopoldo*, de Adam Hochschild (Cia das Letras), traz o relato aprofundado de como se deu a exploração do Congo nesse período.

intrusos e estrangeiros, apesar de terem nascido na República Democrática do Congo, fato que desencadeia perseguições e conflitos étnicos até hoje.

Na década de 1940, sob a liderança do congolês Patrice Lumumba, teve início um movimento para a libertação colonial do Congo, que aconteceu em 1960, após violentos conflitos e manifestações populares. A República Democrática do Congo foi instaurada, Lumumba, eleito primeiro-ministro e Joseph Kasa-Vubu, presidente. No primeiro mês após sua posse, Lumumba sofreu uma rebelião contra seu governo. Ele havia declarado que desejava ver o continente africano independente economicamente da Europa e dos Estados Unidos.

Motins no exército, medo da instabilidade política por parte dos ocidentais residentes no país, além do temor belga de perder o controle sobre os ricos recursos minerais do Congo levaram à intervenção de tropas europeias e das Nações Unidas. A resposta de Lumumba foi pedir ajuda à União Soviética, o que o levou a ser afastado do cargo. Ele foi fuzilado em 17 de janeiro de 1961, numa região do sudoeste do Congo, durante uma emboscada supostamente arquitetada pelos governos da Bélgica, da Inglaterra e dos Estados Unidos.

Um novo golpe de Estado, em 1965, colocou no poder um antigo oficial da Force Publique, Joseph Désiré Mobutu, que tinha apoio dos Estados Unidos. Mobutu dissolveu o parlamento e anulou a constituição. A Era Mobutu – de 1965 a 1997 – foi marcada por alto índice de corrupção e crueldade. Na esperança de africanizar o congolês, Mobutu proibiu o que vinha do ocidente, inclusive nomes de origem cristã. Em 1971, trocou o nome do país por Zaire – *rio que engole rios* – e o da capital Léopoldville por Kinshasa, além de seu próprio nome, que passou a ser Mobutu Sese Seko – *aquele que pula de vitória em vitória.*

O alto comandante enfrentou vários conflitos em 1977, 1978, 1984 e 1987, no sul e no sudeste do país, além de insurgências ocorridas também em Uganda e no Sudão do Sul, caracterizadas por extrema violência e violações dos direitos humanos, incluindo o uso de crianças como soldados e o estupro. Esses conflitos desencadearam pressões internacionais, levando Mobutu a adotar o pluripartidarismo em 1990. Eleições foram convocadas e canceladas, fazendo com que alguns países cortassem a ajuda financeira ao Congo. Como consequência, mais mortes e revolta – 1,5 milhão de civis deslocados e cerca de 100 mil mortos.

Em 1994, mais de um milhão de ruandeses, a maioria da etnia hutu, fugidos do genocídio em seu país, chegaram ao leste do Congo, trazendo desestabilização às regiões que eram historicamente controladas pelos tutsis-banyamulenges. Mobutu preferiu não impedir a entrada dos hutus, o que gerou uma rebelião liderada pelo guerrilheiro Laurent Désiré Kabila.

Entre outubro de 1996 e maio de 1997, ocorreu a Primeira Guerra do Congo. Hutus foram massacrados, principalmente com o apoio de Uganda e dos tutsis de Ruanda, além do surgimento de vários setores insatisfeitos da população e dos banyamulenges. Muitos políticos promoviam o ódio ao banyamulenges como forma de ganhar apoio da população, que os considerava os verdadeiros culpados dos problemas que a nação atravessava. Esse contexto deu espaço ao aparecimento e fortalecimento de diversas milícias que desestabilizaram ainda mais o país, sendo que até hoje muitos desses grupos rebeldes se mantêm em atividade. Chamados genericamente de maï-maï, são conhecidos pelos nomes de seus líderes.

Em 1997, Mobutu foi destituído por Kabila, deixando a maioria da população – 46 milhões de pessoas – sem telefone e água encanada. Mobutu exilou-se no Marrocos, onde morreu meses depois, vítima de câncer. A população, insatisfeita com a pobreza e a corrupção generalizada no antigo governo, ansiava por mudanças. Porém, Kabila adotou o autoritarismo, rompeu com Ruanda e Uganda e negligenciou os tutsis. Mais uma vez, revoltas eclodiram por todo o país, desencadeando a Segunda Guerra do Congo.

Kabila contou com apoio militar de Angola, Zimbábue e Namíbia, que atacaram os rebeldes; Uganda e Ruanda ameaçaram intervir. A entrada de forças estrangeiras no conflito acabou com a revolta, mas obrigou o presidente a convocar eleições gerais para 1999 – que não ocorreram. Em 2001, Kabila foi morto pelo próprio guarda-costas; foi substituído por seu filho, o militar Joseph Kabila. Golpes de Estado tentaram retirá-lo do poder em março e junho de 2004, até que, em 2005, um referendo aprovou uma nova constituição.

As primeiras eleições gerais no país, após quarenta anos de ditaduras e tomadas de poder, ocorreram em 2006. Foram vencidas por Joseph Kabila, que presidiu o Congo até 2019. Desde então, até 2024, o oposicionista Félix Antoine Tshisekedi Tshilombo ocupa o cargo. Chegou à presidência através de eleições gerais, em clima de suspeitas de fraudes e acordos escusos. No final de 2023, foi reeleito para o segundo mandato.

A Segunda Guerra do Congo deixou cerca de 6 milhões de mortos e desaparecidos, além de ter gerado uma migração em massa para os países vizinhos e europeus. É considerada a maior e mais sangrenta guerra africana desde a Segunda Guerra Mundial. A maior e mais cara missão de paz da ONU – Missão das Nações Unidas na República Democrática do Congo (MONUSCO)[4] – se instalou no país desde então.

A República Democrática do Congo é o país com a maior riqueza mineral e natural da África subsaariana, o que atrai a atenção e a cobiça de muitas outras nações no continente e fora dele. Rebeldes, milícias e estrangeiros disputam o acesso a ela, isso quando não estimulam as rivalidades étnicas, como ainda ocorre em Ruanda e Burundi, mantendo o povo na fome e na miséria.

A maior parte das extrações minerais é feita de maneira informal, o que favorece a exploração desenfreada, assim como a fuga de recursos que deveriam beneficiar o estado e a população. A falta de punição aos criminosos partidários daqueles que se revezam no poder faz com que milhares de pessoas se desloquem para campos de refugiados na Tanzânia, em Uganda e no Malawi, como é o caso da maioria que hoje lota Dzaleka.

---

[4] Para saber mais, acesse: https://bit.ly/3P3fr9U.

Aisha

Aisha nasceu em 1976, em Bukavu, cidade congolesa localizada na costa sudoeste do lago Kivu. Como a maioria de seus amigos de infância, adorava os dias que as mulheres tiravam para lavar roupa e todo tipo de utensílio. Entravam nus no lago, ao som dos berros dos mais velhos, preocupados porque ninguém sabia nadar, nem mesmo os adultos. O que Aisha não imaginava era que o fato de e sua irmã mais nova nunca terem aprendido a nadar pudesse lhes salvar a vida muitos anos depois.

Quando chegou a idade de os irmãos mais velhos irem para a escola, sua família deixou Bukavu e se mudou para Goma, na margem norte do lago, na divisa com Ruanda. A brincadeira preferida das crianças passou a ser disputar quem conseguia chegar mais perto do vulcão Niaragongo, apesar de nenhuma delas nunca ter enxergado seu cume do ponto onde moravam. À noite, quando ficavam perambulando pelas ruas, contavam histórias nas quais seus ancestrais, da tribo Murega, não apenas subiam o monte como nadavam na lava em seu interior. Acreditavam que quem nascia naquela etnia tinha poderes sobre as forças da natureza.

Filha de militar, Aisha estudou em Goma até o equivalente ao nosso oitavo ano do ensino fundamental, quando o pai foi transferido para o território de Shabunda, Kivu do Sul. Era 1993, e conflitos entre tutsis e hutus em Ruanda já estavam em curso, além da Primeira Guerra do Congo.

Meu pai chegou em casa feliz, dizendo que o comando do exército tinha dado a ordem para ele ser realocado. Como Goma fica perto de Ruanda, poderia ser bom sair de lá. Achávamos que seria mais difícil sermos atingidos pelo problema dos vizinhos, como se não fosse nosso também. Mas mãe, você sabe como é, tem uma intuição afiada.

— Isso não vai acabar bem! Isso não vai acabar bem!

Ela repetia sem a mínima preocupação de causar ansiedade em alguém. Já estávamos acostumados a dificuldades; vivíamos sob mandos e desmandos do presidente Mobutu, com seu barrete de pele de leopardo e sua bengala.

De certa forma, não tínhamos do que reclamar. Eram raros os oficiais que levavam a família junto quando mudavam de base. No Congo, os militares nunca ficam no mesmo lugar. Eles vão guerrear e deixam mulher e filhos sozinhos, lutando pela própria sobrevivência, tendo apenas a fé como arma para se protegerem. Na maioria das vezes, não há fé que resista a golpes de facão, sequestros, estupros e pilhagens.

Não sei como meu pai conseguia nos carregar para onde ia. Ele sempre foi fiel às ordens que recebia; não discordava das atrocidades que eram cometidas pelo governo e pelo exército em nome da promoção da estabilidade política que nunca aconteceu. Mas desconfio que ele chantageava o comandante e o acobertava, pois sabia de atos ilícitos que poderiam tirar seu superior do comando ou levá-lo à morte.

Na noite antes de deixarmos Goma, ouvi uma conversa entre meus pais e meu irmão mais velho, Laurent. Eles discutiam sobre a força e o apoio que a Frente Patriótica Ruandesa (FPR) estava ganhando dentro do nosso país.

Poucos anos depois, minha mãe me contou que meu irmão defendia os tutsis. Meu pai tinha outra posição; defendia os hutus; nós não éramos descendentes nem de um, nem de outro. Na verdade, o que mais interessava ao meu pai era manter seu posto e o *status* nas forças armadas, que há muito tempo estavam ruindo.

Laurent não se mudou com a gente. A última lembrança que tenho dele é sua voz, que escutei atrás daquela parede, rouca e alta, com a qual fazia muito sucesso entre as moças. Nos disseram que ele havia entrado para a Força Armada Zairense (FAZ), como era desejo do meu pai. A partir daquela noite, minha mãe nunca mais foi a mesma; nossa família nunca mais foi a mesma.

Decidi não investigar o que na verdade tinha afastado Laurent de nós. Não tive tempo para isso. Só senti sua falta, porque ele sempre foi o comandante de nossas excursões ao lago e de nossos devaneios no vulcão. Rezava para que a experiência que ele tinha conquistado coordenando nossas brincadeiras infantis valesse de alguma coisa. Desconfio que tenha morrido logo; ele nunca quis empunhar uma arma, nem quando os meninos da tribo brincavam de senhores da guerra com pedaços de pau imitando lanças e facões.

Nós éramos doze filhos; eu era cinco anos mais nova que Laurent, e depois de mim nasceram mais sete. Quase todos morreram em conflitos. Hoje somos apenas eu e dois irmãos homens vivos, espalhados por aí.

Em Shabunda, conseguimos uma casa pequena, a menor que já tivemos. Mas era o que dava para ter. Dois cômodos nos dividiram entre o quarto dos homens e o das mulheres. Meus pais nunca mais dormiram juntos. Meu pai saía para lutar, mas não conseguia mandar mais nada para a gente. A crise era tanta, que oficiais do exército ficavam meses sem ver o dinheiro e, quando o recebiam, pouco valor tinha.

Um dia, chegou a notícia de que meu pai tinha sido morto numa emboscada feita pelos banyamulenge tutsis, mas há rumores de que ele foi morto por seus colegas de farda. Um grupo de soldados foi pego roubando peças de reposição dos equipamentos do batalhão. Eles as vendiam por qualquer preço ou trocavam por comida. Outros disseram que meu pai estava entre os militares que saquearam Kinshasa e foram espancados até a morte pela população.

Mais uma vez, decidi não investigar o que aconteceu de verdade. Não tinha tempo para isso, ou será que é porque a vida não nos dá chance de questionar nada? O que acontece é porque tem que acontecer. O que eu faria no lugar dele? Fui capaz de fazer pior. O que nos difere é que sobrevivi.

Mobutu caiu e Kabila tornou-se chefe da nação. As tensões se agravaram. Sem meu pai, todo mundo precisava buscar um trabalho, uma maneira de trazer dinheiro ou comida para casa. Na nossa região, estavam acontecendo muitos conflitos, não nos sentíamos mais seguros. Havia grupos de rebeldes para todos os lados, e ninguém respeitava ninguém. Os próprios maï-maï não se entendiam e, quando se encontravam, lutavam entre si.

A solução para minha vida foi casar com um militar. Nós, mulheres, precisávamos nos proteger casando-nos com um homem do exército ou com um rebelde. Sozinhas, não importava a idade, éramos presas fáceis para ambos os lados. Aos homens restava entrar para o exército ou se aliar a um grupo maï-maï.

Escolhi ficar do lado do exército, até porque saiu dali o primeiro homem que se disse interessado em mim. Não vou dizer que fui influenciada pelo fato de o meu pai ter sido militar. Naquela altura, não havia distinção entre um e outro lado, nenhum dos dois prestava; o que todo mundo queria era destruir as ameaças e permanecer vivo.

Eu estava com 17 anos quando fui levada pelo meu marido para Mweso, no território de Masisi, no Kivu do Norte. Deu tempo de fazermos apenas um filho, antes de ele ser morto. Confesso que mal conheci meu marido.

Ele tinha ido lutar na cidade de Masisi. Estava de patrulha quando o batalhão foi surpreendido por mercenários sudaneses contratados para causar tumulto em grandes centros no Kivu do Sul e no Kivu do Norte. Os mercenários eram em maior número e estavam mais bem armados, além de terem uma insaciável sede de sangue que os impedia de temer a Deus assim como ao diabo. Quando o reforço chegou, encontraram todos os soldados congoleses mortos.

Eu estava em casa quando recebi uma caixa com a cabeça do meu marido dentro. Hesitei em olhar, mas quis ter certeza. Contaram que os mercenários comeram a carne crua, ainda quente e palpitante, do corpo dos soldados que resistiram, poupando as cabeças. Os mercenários acreditavam que, ao se alimentarem da carne de suas vítimas, a coragem delas era transferida para quem a comeu.

Os que se entregaram facilmente foram estuprados, estripados e tiveram seus crânios massacrados. Antes de sair daquele banquete mórbido, chamaram alguns civis e disseram que fizeram aquilo para mostrar que a honra do homem está na coragem de enfrentar os inimigos, mesmo sabendo que vai morrer.

Os que mantiveram a cabeça erguida e lutaram mereceram que suas cabeças permanecessem intactas para que pudessem ser enterradas com glória. Os demais não passavam de insetos que infestavam a raça. Por isso, não mereciam nem sequer ter a sorte de serem reconhecidos.

Meu marido tinha uma grande cicatriz horizontal no rosto. Se orgulhava daquela marca, que o deixava feio, mas passava uma imagem boa para um militar: "Pareço alguém invencível", falava, achando graça. Mas a verdade é que ele tinha rasgado a cara durante uma brincadeira desastrada quando era criança.

Quando recebi a cabeça, a primeira coisa que procurei foi a cicatriz. Achava que seria a forma de reconhecê-lo, mas o rosto estava tão desfigurado que ela havia sumido. Foi a expressão do rosto que me fez identificá-lo. Eu conhecia aquela dor. Consegue imaginar o que é esperar seu marido e receber a cabeça dele embrulhada em um pedaço de tecido duro de sangue e poeira? Ele foi reduzido a isso – a sangue e a poeira.

Me vi sozinha com minha filha. Corri até minha irmã um ano mais nova que eu. Ela morava perto e teve a mesma sina: marido morto, filho nos braços. As crianças tinham 2 e 4 anos. O que a vida nos oferecia era bala ou pescoço cortado. Recusamos esse destino e fugimos.

De cada aldeia que chegávamos, éramos expulsas. Isso acontecia com quem não era natural dos lugares. Todos tinham medo dos "de fora"; éramos obrigadas a nos deslocar o tempo todo. Ninguém nos dava comida, e, para ter água, precisávamos nos afastar das vilas até algum rio e arriscar sermos estupradas e mortas pelos maï-maï, que dominavam as matas.

Não tivemos escolha senão entrar para a tropa do governo de Kabila. Tínhamos a nosso favor o fato de termos nascido em uma família de militares. Junto com nossas fardas, recebemos um corte de tecido com o qual enrolamos e penduramos nossos filhos nas costas. No início havia outras mulheres, mas carregando os filhos, só nós duas. Eles já viviam agarrados aos nossos corpos desde que foram concebidos; agora, seriam um peso a rivalizar com a arma e as munições que teríamos que carregar.

Nada daquilo poderia ser perdido: as crianças, sob o risco de enlouquecermos, e os armamentos, sob o risco de sermos castigadas. Sofremos muito. A mata era nossa casa, a fome, nossa companhia dia e noite, fora as doenças. Minha irmã e meu sobrinho pegaram malária; sobreviveram porque um dos soldados de nossa divisão conhecia ervas e teve pena. O choro das crianças, apesar de raro, era uma ameaça à segurança do grupo. Nossos filhos tinham tanta fome que não lhes restava energia para chorar direito. Nós, as mães, derramamos mais lágrimas que eles. Tínhamos muito medo de sermos pegas e eles, transformados em crianças-soldados, apesar de já termos feito deles combatentes. Quando não estávamos atirando, nossos kalashinicovs, fuzis nos deixados como herança no acordo entre Lumumba e o governo soviético, no auge da Guerra Fria, serviam para descansar as cabeças.

Para ninguém é fácil matar, pelo menos no início. Eu tentava imaginar coisas boas na hora do ataque, numa tentativa de parecer que estava em outro lugar. Em um de meus primeiros dias no exército, precisamos descer uma montanha feito loucos, o ataque precisava ser surpresa. Enquanto eu corria, me lembrava da sensação do vento batendo no meu rosto todas as vezes que juntávamos as crianças da aldeia para descer os morros sentados em cima de qualquer coisa capaz de proteger nossas bundas. Ganhávamos uma velocidade tão grande que nada podia nos parar.

Essa brincadeira era só para quem não tinha medo de nada. Ninguém se preocupava com o que podia nos acontecer. Arrebentei a cara no chão uma vez. Sofri um mês com as cascas que se formavam sobre as feridas, mas venci a descida – a correnteza, como a chamávamos. Isso, sim, era o que importava. Se quando eu era indefesa nada me amedrontava, não seria uma ameaça real que iria me derrubar.

Acostuma-se a matar. Assim foi para mim. Eu já estava habituada a ouvir as histórias do meu pai e do meu marido. Oficial se orgulha de narrar seus feitos, as armadilhas que o diferenciam do inimigo até que a morte os iguale. Eu repetia a frase que cresci ouvindo os dois falarem: "Ou eu ou o inimigo". Que seja ele a morrer, então.

Para minha irmã foi mais difícil. Ela era sentimental, não podia olhar para quem estava matando, manter contato visual. Ela fechava os olhos quando atirava, era um ato reflexo, não conseguia olhar. Matar é algo muito tenso, intenso, só não é mais do que viver. Entre uma batalha e outra, buscávamos formas de nos reumanizar.

Alguns soldados tinham uma necessidade enorme de se aliviar em uma mulher. Uma ou outra de nosso grupo aceitava a companhia deles. Sexo em troca de proteção, até que enjoassem e fossem atrás de outra. Era normal isso, como se ninguém pertencesse a ninguém.

Com o tempo, muitas engravidaram. Se não perdiam os filhos ainda no ventre, pariam pelo caminho. Todo mundo virou parteiro, mas eram poucos os que queriam ajudar com as crianças. Era função da mãe. Teve um único oficial que se preocupou com o filho bastardo, perguntava como ele estava, mas não ousava tocar na criança. Dava para ver o brilho nos olhos dele, talvez porque, com a esposa oficial, ele só tinha filhas mulheres. O congolês prefere não carregar os filhos, essa tarefa é da mãe. O pai serve para educar, dar exemplo. Mimar a criança enfraquece a ambos.

Precisamos ser resistentes a tudo. É nossa maneira de amar, e nos sentimos amadas dessa forma. Meu pai não me carregava no colo, nem aos meus irmãos. Nunca o vi dando um beijo na minha mãe, nem falando frases carinhosas. Também nunca a agrediu. A maioria dos bebês de nossas companheiras de farda acabaram morrendo junto com as mães. Era muito difícil combater carregando-os. Até hoje não sei como consegui.

Durante a guerra, quando se acasala com companheiros de batalha, a união não é abençoada. As circunstâncias impedem que aquela família seja reconhecida. Talvez seja uma forma de nos defender da dor de mais uma perda. Todo mundo sabia que, no fim dos conflitos, todos voltariam para as esposas que haviam deixado.

Por isso, o mais comum era os soldados forçarem as mulheres que encontrávamos pelo caminho a se deitar com eles. Era o preço que tinham que pagar para ter alguém lutando por elas. Não precisavam nem sequer saber seus nomes, a etnia, as crenças, os gostos.

Numa situação dessas, a gente perde a sexualidade: uma parte de mim deixou de ser mulher, de ter desejo do tipo que me diferencia de um homem. Os homens ainda procuravam sexo, mais para descarregar o ódio. As mulheres, não. Procurávamos nos manter mais femininas em coisas do tipo fazer xixi. Tinha que ser agachada; em pé, só em último caso. Os homens riam quando estávamos apertadas para ir ao banheiro e andávamos trocando as pernas à procura de um lugar fora da vista deles. Às vezes acabávamos fazendo nas calças. Tinha coisa pior que isso; a roupa manchada de sangue menstrual, por exemplo. Com pena, fingiam que não viam. Falando assim é fácil condená-los, mas ninguém imagina o que a gente passa: *stress*, fome, frio, raiva, medo.

Logo que eu e minha irmã nos juntamos ao grupo, espalhou-se a crença de que éramos bruxas, descendentes dos azandes – tribos conhecidas por fazerem uso de magia e oráculos. Nunca confirmamos, assim como não negamos. Sermos temidas nos dava certo poder, o que foi colocado à prova quando não demonstramos habilidade para tratar dos males que nos atingiram ou para tentar intervir no curso das batalhas.

Porém, um episódio em nossa marcha pela mata fez com que os soldados nos respeitassem cada vez mais. Estávamos à margem do rio Congo e nos recusamos a entrar na água para tomar banho em um ponto que nossos pés não alcançaram o fundo. Nosso comandante, que estava bêbado, começou a nos insultar, como fazia com frequência. Falamos que estávamos sentindo que não era seguro; na verdade, não queríamos que soubessem que não sabíamos nadar. Ele nos disse que poderíamos ser as últimas a entrar no lago, mas que teríamos que fazê-lo, sob o risco de sermos colocadas na linha de frente com nossos filhos da próxima vez que fôssemos enfrentar os rebeldes.

Pouco depois que vários pularam na água, dois deles foram atacados por crocodilos. Um sumiu de nossa vista em poucos minutos e o outro foi resgatado, porém morreu de tanto sangrar poucas horas depois.

Quando tivemos uns dias de folga para visitar a família, deixamos as crianças com uma de nossas irmãs, que nasceu com problema na perna. Hoje penso que a dificuldade para se locomover tenha sido a sorte dela. Na época, nossos filhos já tinham 5 e 7 anos. Poucos anos depois, soube que minha irmã morreu de doença e as crianças estavam vivendo com outras famílias. Nunca mais tive notícias da minha filha e do meu sobrinho.

Com o passar dos meses, fomos ficando com o moral baixo e cada vez mais abaladas por um conflito que, sabíamos, estava muito longe do fim. Começamos a desconfiar que toda aquela luta era inglória, e cedo ou tarde chegaria nossa vez de estar entre os que eram mortos aos montes todos os dias.

Inseguras, topamos com um grupo do Exército de Resistência do Senhor.[5] Estávamos com muita fome, e piolhos e sarna tomavam conta de nossos corpos feridos. Nem jeito e cheiro de mulher tínhamos, nem sangue nos escorria mais todo mês. Era tanto ódio armazenado que perdemos o medo de morrer. E eu perdi minha irmã.

Acho que ela se cansou. Se a falta de esperança atinge o soldado durante o sono ou a vigília, pouco estrago faz; quando chega no meio da batalha, a morte vence. Foi o que aconteceu com ela. Nós duas orávamos juntas a caminho de cada ataque. Pedíamos a Deus para nos proteger. Depois que ela morreu, deixei de rezar com esse propósito. Eu sempre soube que o inimigo também faz o mesmo pedido e que, nesse caso, Deus deixa por nossa conta lutar ou nos entregar. Não queria mais fazer uma coisa nem outra.

A guerra transforma o ser humano em uma besta, uma condição que não é transitória, não é temporária. É definitiva. Entrei em surto e precisei ser deslocada para um hospital do exército, onde fiquei em tratamento por um mês. Tinha muitas dores de cabeça. Em minha mente, os sons das balas, das bombas, os gritos de gente morrendo e sofrendo se misturavam ao som das crianças rindo na ignorância própria delas; à voz da minha mãe chamando minha atenção e a das minhas irmãs sempre que fazíamos algo que

---

[5] Para saber mais, acesse: https://bit.ly/3UTN4yT.

uma mulher que quer casar bem não deve fazer; à voz da mata, das folhas que tornavam escorregadia a terra úmida das florestas; ao som aterrorizante das mandíbulas das feras mordendo carne humana para saciar a fome e sua selvageria; ao toque dos sinos das igrejas católicas que, vez ou outra, nos tirava da apatia enquanto esperávamos para atacar ou sermos atacados.

Eu alucinava. Abria os olhos e me recusava a fechá-los, pois tinha medo de me lembrar da cabeça seca de meu marido, que eu havia deixado debaixo da mesa no canto do quarto. Deixei tudo para trás, inclusive o corpo alvejado de minha irmã, que se colocou na minha frente na esperança de que ao menos eu sobrevivesse e vencesse.

Quando me transferiram para o hospital na capital Kinshasa, eu achava que teria um tratamento mais adequado. Mas não. Vieram novas ordens: "Pegue a arma e assuma seu posto na missão". Eu sentia que não seria mais capaz de matar, mesmo sabendo que do lado de lá havia muita gente querendo me liquidar.

Não seria minha primeira fuga, talvez nem a última. Me lembrei de meu pai e da suspeita de que, cansado de matar e de ter medo de morrer, ele pode ter desertado. Eu também o faria, sem deixar rastros, justificativas e desculpas. Custei a concluir que desculpas devo apenas a mim.

Naquele dia, elaborei o plano de chegar em Dzaleka. Levei cinco meses desde que saí do hospital, fardada, carregando uma nova arma, até aqui, carregando apenas uma bolsa com algumas poucas fotos que consegui guardar para me impedir de esquecer o rosto daqueles com quem um dia fui feliz.

Em Kinshasa, vendi minha arma e consegui ir para Lubumbashi de avião. Também arrumei um pouco de dinheiro com uma das mulheres com quem lutei e que gostava de mim. Ela sabia que poderia ser morta caso descobrissem que colaborou com minha fuga, mas a certa altura da vida, depois de muito sofrer, percebe-se que, independentemente do que a gente faça, a morte está sempre nos espreitando.

No aeroporto de Lubumbashi, me pediram documentos dizendo que tinham recebido uma denúncia contra alguém que se parecia comigo e estava naquele voo. Por sorte, não era eu, e me deixaram sair. Fui para a casa de um sobrinho, onde fiquei escondida por uns dias.

Um vizinho dele tinha um caminhão que atravessaria para Zâmbia e topou me levar junto. No início, desconfiei que ele queria se aproveitar de mim, mas estava enganada. Ele tinha perdido os três filhos nos conflitos contra os rebeldes e me disse que, como não conseguiu salvá-los, iria salvar os filhos dos outros. Na Zâmbia, fui pulando de boleia em boleia de caminhão, pagando minha passagem com prostituição. Era a única moeda que eu tinha, nada mais. Nasci em uma família de militares, me casei com um militar, durante quinze anos fui militar. O que consegui?

Jeremy

Meu pai e minha mãe morreram no mesmo dia, quando eu tinha 4 anos e minha irmã, Fauda, 2. Nunca nos contaram como foram mortos, talvez porque quisessem esconder alguma coisa ou por vergonha de algo que eles possam ter feito. Não havia preocupação, por parte dos mais velhos, em falar sobre os pais ausentes. Parecia desnecessário. Muitas vezes, os filhos poderiam querer se vingar; melhor, então, manter encoberta a verdade para conseguir tocar a vida em frente.

A única pessoa que aceitou ficar com a gente foi a mãe da minha mãe, alguém que nunca tínhamos visto e nem sabíamos que existia. Um tio nos levou para Lemera, uma província de Kivu do Sul, onde eles moravam. Na casa tinha sete pessoas: minha avó, dois tios, uma tia e os três filhos dela, maiores que nós. Meu avô e o marido da minha tia tinham morrido na guerra, e meus tios se orgulhavam de ainda estarem vivos; diziam que eram mais espertos. Trabalhavam em uma machamba.

Eu e Fauda nunca nos sentimos em casa. Apanhávamos todo dia, tendo ou não feito alguma coisa de errado. Bastava passar na frente de algum deles que era um tapa, uma chinelada, um chute, um soco na cabeça. No início, tínhamos muito medo da minha avó e da minha tia, mas depois nos acostumamos. Era o preço de ter comida uma vez por dia – era pouca, mas, ainda assim, alguma coisa – e um pedaço de chão para se deitar.

Numa manhã, chegou um parente deles pedindo para ficar apenas por uns tempos. Apesar de tratar todo mundo com muita aspereza, minha avó nunca recusava um teto. Ele criou desafetos entre um grupo de homens que lutavam pela Aliança das Forças Democráticas para a Libertação do Congo (AFDL), que fazia oposição ao governo de Mobutu. Era considerado um rebelde.

Ficou a cargo de nós dois, eu e minha irmã, dividirmos nossa comida e nossa esteira com ele, mas até com isso estávamos acostumados. Nunca tivemos direito aos melhores pedaços, aos melhores espaços, às melhores roupas.

Huluma nos pareceu um homem comum. Logo arrumou serviço em uma machamba e, aonde ia, carregava a mochila na qual guardava seus pertences. Tinha o hábito de ficar rodando uns tocos de carvão entre os dedos; suas unhas estavam sempre cheias de pó, e os cantos da boca, manchados de preto. A todo momento, molhava a ponta do polegar com sua enorme língua, esfregava no carvão e depois colocava ela toda para fora para a gente ver.

Eu e Fauda não íamos à escola. Crescemos pelas ruas catando coisas que pudessem virar brinquedo ou comida. Um dia, seguimos Huluma. No meio do caminho, ele olhou para trás, e nada de língua para fora: nos surpreendeu sorrindo. Envergonhados, saímos correndo. Ele gritou e pediu que esperássemos.

– Vocês querem um doce?

Ah! Um doce! Quase nunca comíamos um! Enfim, alguém estava nos dando atenção e algo que podíamos comer sem dividir. Passamos a esperar que ele colocasse o pé fora de casa para irmos atrás. A cada dia, era um doce, uma bala ou um *maandazi*, uma espécie de bolinho frito que adoramos comer. Imaginamos que devia ser muito rico e, por essa razão, minha avó tinha parado de reclamar que ele estava custando para ir embora.

Num sábado, ao invés de tomar o rumo da machamba, ele entrou em uma e outra rua, em um caminho que a gente não estava acostumado a pegar. Andamos por muito tempo até chegar a uma casa em ruínas, sem telhado, suja, cheirando a urina.

Sentamos encostados na parede e ele tirou da mochila o toco de carvão e umas folhas de papel. Éramos doidos para ter uma folha de papel. Na escola, os meninos usavam lousa e giz e precisavam apagar tudo quando não tinha mais espaço para escrever. Nem isso a gente tinha, que dirá uma folha de papel.

Na nossa frente, Huluma começou a desenhar. Tinha muita facilidade de fazer traços, curvas, sombras que rapidamente tomavam forma. Pedimos que ele fizesse um cachorro, depois uma cabra, uma casa, um campo de futebol. Ficamos admirados, até que ele começou a nos desenhar. Eu tinha 9 anos e minha irmã, 7. O desenho nos deixou mais bonitos do que de fato éramos.

— Esse vai ser nosso segredo, ele disse.

Apesar de termos pedido muito para ficar com os desenhos, ele negou.

— Outro dia dou um para vocês.

Uma semana depois, estávamos lá novamente, porém ele nos pediu para tirarmos nossas roupas. Queria nos desenhar de corpo inteiro. Não ficamos muito envergonhados, porque nossos corpos sempre pertenceram aos olhos dos outros, tão esfarrapadas eram nossas roupas. Dessa vez, ele não nos deixou ver o desenho.

— Preciso finalizar antes de mostrar para vocês.

Alguns dias depois, ele nos chamou e disse que o desenho estava pronto e que iria nos mostrar. Antes comprou doce e também uma garrafa de refrigerante. Estávamos acostumados a tomar o último gole das garrafas que raramente conseguíamos achar nos lixos. Uma inteira só para nós dois parecia um presente de Deus.

— Mas antes vocês vão me ajudar a tirar minha roupa.

Eu era uma criança, mas não era bobo. Quando se é criado largado, você vê e aprende coisas que não deveria. Eu sabia o que ele estava tentando fazer, mas ainda assim não neguei. Quando a gente saía em bando com as outras crianças da rua, gostávamos de espreitar a janela de algumas casas, principalmente das que a gente sabia que havia mulheres que ganhavam a vida fazendo sexo.

Huluma era diferente das pessoas com as quais nós tínhamos crescido, das pessoas que só se ocupavam em passar por cima da gente, em nada parecia com os homens que estavam acostumados a entrar nas casas daquelas mulheres.

Comecei a baixar suas calças, mas ele me empurrou e pediu que minha irmã virasse de costas. Disse que, se doesse, era para ela ficar calada, porque se alguém nos visse, teríamos muitos problemas. Eu deixei que aquilo acontecesse. Minha irmã chorou muito, só não gritou mais alto porque ele tapou a boca dela. Eu fiquei paralisado, olhando, sem fazer nada.

Naquele dia, voltamos calados para casa. Só eu e ela. Ele tomou outro rumo e nunca mais voltou, nem para se despedir da minha avó. Nem chegamos a tocar no refrigerante e no doce, muito menos os desenhos nos interessaram.

Como Fauda estava sangrando, minha avó perguntou o que tinha acontecido. Contei a verdade. Aos berros, minha irmã disse que aquilo não tinha acontecido, que era mais uma de minhas invenções. Minha avó pôs um ponto final na história proibindo qualquer pessoa de falar sobre aquilo a partir daquele dia.

Meu tio mais velho levou a gente para a rua, arrancou nossas roupas e nos bateu muito. Por fim, nos arrastou até o hospital. Falou para a enfermeira que tínhamos sido atacados por rebeldes. O hospital já estava cheio de soldados feridos por esse motivo; éramos apenas mais duas vítimas.

Meu problema foi resolvido naquele mesmo dia com água e sabão. O hospital tinha sido saqueado uns dias antes, e levaram a maior parte do material dos médicos. Minha irmã ficou internada por três dias. Comecei a achar que ela nunca mais voltaria a ser uma menina normal. Pela primeira vez na minha vida, rezei. Pedi a Deus para que ela ficasse louca, bem louca a ponto de não se lembrar de nada, nem mesmo de mim.

Quando voltou para casa, era outra pessoa. Só que Deus não me deu ouvidos. Ao invés de louca, Fauda mais parecia uma morta; não queria mais brincar nem andar pelas ruas atrás de besteiras. Foi o fim de nossa infância e de nossa história juntos.

Muitos de nós sofremos reveses que nos impedem de viver todas as fases da vida. Muitos de nós não experimentamos a juventude. Acordamos como crianças e a batalha de um dia difícil nos faz dormir como adultos. Não há mais tempo para brincar, nem espaço para ir à escola e descobrir o mundo através dos livros e de belas histórias onde os bons são os heróis e os maus, condenados a viver no inferno. A vida nos é servida fria e crua, é indigesta. Não há poesia. Não há ilusão.

Dois dias depois que Fauda voltou para casa, o hospital de Lemera sofreu um ataque por parte da Aliança das Forças Democráticas para a Libertação do Congo, a mesma organização que fez Huluma fugir. Vários soldados do exército que estavam internados foram mortos. Toda a cidade entrou em pânico. Aquela era minha chance de mudar completamente de vida. Eu conhecia um menino chamado Bahati, um pouco mais velho que eu, que sabia onde se escondia um grupo de maï-maï.

Eu mesmo já tinha visto alguns deles ameaçando a dona da loja onde Huluma comprava os doces para a gente. Vizinhos da minha avó deixavam os dois bois deles na porta da casa, com medo de serem roubados pelos rebeldes, apesar de saberem que um dia isso aconteceria.

A maioria das pessoas atacadas por eles não denunciava porque, depois de roubado, não existe a possibilidade de se ter de volta o que foi levado. Quem dava queixa corria o risco de ser perseguido até a morte, até porque muitos policiais protegiam os maï-maï.

Pedi que Bahati me levasse até eles. Foi fácil convencê-lo, pois quem conseguisse crianças para se juntar aos rebeldes conquistava alguns privilégios dentro do grupo. Um ano antes, outros meninos tentaram nos levar para a mata, mas tínhamos medo deles. Concluí que o diabo está em toda parte; já Deus, esse ainda não conheci.

Como resposta aos maus tratos da vida, me tornei um deles. Tinha sede de vingança contra tudo e todos, a começar por meus pais, que morreram cedo; pela minha avó, que só sabia nos bater; pelos meus tios e primos, que nunca nos enxergaram; pelos médicos que não investigaram o que de fato aconteceu com minha irmã; e até mesmo por Fauda, que preferiu se calar depois de ter sido violada.

Nos primeiros ataques dos quais participei, eu era encarregado de cortar o pescoço de quem já estava amarrado, como se faz a um cabrito. Essa era a função dos que acabavam de entrar. Avançamos principalmente nas machambas atrás de bois.

Não estávamos muito preocupados em apoiar lado nenhum da política. Queríamos matar a fome e espalhar terror. Era nossa forma de sentir que tínhamos algum poder. Os rebeldes do meu grupo eram todos feito eu, tinham crescido sem nada, sem colo, sem alguém os chamando pelo nome no meio da rua simplesmente para xingar.

Havia uma hierarquia a seguir, mas isso não me incomodava. Sempre soube obedecer. Eu não tinha medo de matar nem de morrer. O fluxo de homens e meninos – às vezes, algumas meninas – entrando era grande, só não era maior do que o de pessoas saindo – a maioria porque morria em batalha ou de doença, sobretudo na época de muita chuva.

Um tempo depois, eu soube que soldados do exército mataram minha avó tentando arrancar dela informações sobre o grupo no qual me alistei. Foi a vida dela pela minha. Não me importei muito, não; uns têm que morrer para que outros permaneçam vivos; essa é a natureza humana.

A selva é ainda mais cruel que as ruas. Não há descanso. Os animais e as chuvas concorrem com os homens pelo título de nossos maiores inimigos. Cheguei a ser mordido no braço por uma cobra. Minha sorte foi que ela não era venenosa. A ferida custou a fechar, ficou feia e doeu muito, a ponto de atrapalhar meus movimentos com o facão.

Sentia que eu estava me transformando em um animal, não apenas minha alma, mas também meu corpo. Ninguém se preocupava em tomar banho. Debaixo da chuva, você lava e seca os dois – corpo e roupa – ao mesmo tempo. A isso eu já estava acostumado.

Mas não ter um teto para se esconder da chuva, qualquer coisa que proteja o corpo, também tortura. Eu estava sempre molhado. Os pés viviam úmidos, feridos, podres entre os dedos. As botas, que nos ajudavam a correr sem que pedras pontiagudas ou galhos afiados nos perfurassem, se transformavam em armadilhas.

Conforme a dor ou o cheiro que a gente exalava, dava medo retirar as botas. Nunca se sabia de fato o estado em que os pés estavam; e calçá-las novamente costumava ser muito difícil. Era comum ver homens descalços, com pés que se assemelhavam a cascos de bode. Às vezes inchavam muito, sangravam, soltavam a pele, chegando a arrancar lágrimas silenciosas de homens violentos.

Só conseguíamos armas de fogo quando a gente chegava ao fim de alguma batalha travada entre grupos mais organizados que o nosso e o exército. Eu cheguei a terminar de matar um soldado para ficar com a arma dele. Ele já estava praticamente morto. Só fiz acabar com seu sofrimento.

Com a arma na mão, o problema passou a ser arrumar munição. Sem balas, acabou virando brinquedo, mas ainda assim, com ela em punho, eu era respeitado até pelos meus companheiros. O facão era mais fácil de ter e de manter: em toda machamba tinha vários para a gente pegar.

Fui fiel ao grupo até completar 16 anos, quando sofremos um ataque e a maioria de meus companheiros morreu ou fugiu. Me vi novamente sozinho. E estava cansado. Foi em 2002. Mobutu estava morto, Laurent Kabila também, e o filho dele era o novo presidente. Dizia que queria fazer acordo com os rebeldes, mas havia tantos grupos de rebeldes que foi impossível. Senti que era hora de fugir de novo e mudar de vida.

Me juntei a um grupo de tutsis-banyamulenges que estavam fugindo para campos de refugiados no Burundi, mas, em poucas semanas, decidi imigrar para a Tanzânia e me separei deles. Minha guerra era outra.

Acostumado a me locomover nas matas, caminhei até a Tanzânia. Eu tinha aprendido a ler o céu e a terra: de noite seguia as estrelas, durante o dia, os rios. Quase não comia e sempre tinha uma ferida para cuidar. Aprendi a usar picadas de abelhas e formigas para tratar as dores no corpo; sabia quais ervas deviam ser evitadas quando a barriga e a cabeça doíam.

Foi a primeira vez que me vi completamente sozinho. Gostei. Não havia mais ninguém para me dizer o que fazer, para onde ir. Ninguém que precisasse do meu cuidado, ninguém para dividir a comida que eu não tinha. Quando vinha febre, delirava. Sempre via minha irmã deitada ao meu lado, com os olhos fundos, como ficam as almas prestes a morrer.

Fui preso em Kigoma. Fiquei em uma cela sem poder me deitar de tão cheia de gente. Era homem, mulher, criança. Todo mundo com fome e sede. Como não alimentar o ódio nessas condições? Dá uma vontade danada de matar quem está ao seu lado simplesmente por existir. Por que insistir em permanecer vivo? Quantas vezes na minha vida desejei morrer! Às vezes ainda me pego pensando que, se alguém pusesse fim em minha vida, não seria ruim. Acho que sempre procurei isso. Mas o destino quer outra coisa. Quantas vezes fiquei sob fogo cruzado, sob a mira de uma arma, quantas vezes senti a lâmina de um facão em meu pescoço e ainda estou vivo?

Ainda sou capaz de sentir o gosto e o cheiro de sangue. Quando você mata alguém com facão, o sangue da vítima jorra, respinga, resvala no seu corpo, e você aprende a perceber o que a pessoa sentia na hora da morte. O sangue do medo é doce, sabia? Porque o medo humaniza. Já o do ódio é ácido, tem gosto de corrosão. Você deve achar que esse é o gosto do meu; mas não. Prefiro acreditar que tem gosto de esperança. Na guerra somos todos vampiros, nos alimentamos de sangue, matar nos dá força; é o preço que pagamos para permanecer vivos, independentemente do lado em que estamos.

Consegui chegar até aqui porque fui ajudado pelas igrejas; uma ironia para quem não crê em Deus. Nenhum dos padres e pastores que me arrumaram transporte, comida e roupa no Congo, na Tanzânia e aqui no Malawi tinha ideia de quem eu era. A verdade é que ninguém conhece ninguém.

Você não imagina o que sou capaz de fazer simplesmente porque está sentada aqui, conversando comigo. Pareço uma boa pessoa, para você? Pois fique sabendo que também sou capaz de ser uma boa pessoa.

Mulasi

Mulasi teve oito filhos, mas chegou em Dzaleka com sete deles, sendo cinco meninos e duas meninas, a maioria ainda criança. O que hoje ocupa a posição de mais velho tinha 17 anos quando a família começou a fuga. O primogênito e o marido, Mulasi perdeu para os maï-maï.

Apesar de viverem sempre em alerta devido ao risco constante de serem atacados, a família de Mulasi foi surpreendida em uma noite de 2019. Viviam na região de Fizi, ao sul da província de Kivu do Sul, na República Democrática do Congo.

Não se vive com medo. Não se vive quando é necessário ficar atento a qualquer som, a qualquer poeira na estrada, a qualquer pedido de socorro, seja por perseguição ou por intervenção divina. Não se vive quando a dor de ficar alerta é vencida pela dor do cansaço do trabalho diário na machamba ou pela dor do sono que nos convida a algumas horas de irrealidade.

Estávamos todos em casa, espalhados nas esteiras; era meia-noite. Ouvimos batidas fortes na porta ao mesmo tempo que percebemos que ela estava sendo arrombada. Eram eles. Os que mais temíamos todos aqueles anos estavam ali, em nossa casa, diante de nós, de nossos medos.

Meu marido foi o primeiro a chegar à porta, seguido por Merci. Os amarraram e os arrastaram para fora. A nós outros foi reservada uma única corda apertada e retorcida em cada uma das mãos viradas para trás. Nossas mãos entrelaçadas, nos reduzimos a isso, como no tempo em que elas eram cortadas para contabilizar o número de negros mortos por indisciplina.

Fomos amordaçados e avisados aos berros:

— Façam silêncio até a gente voltar.

Assim, tremendo, suando e engolindo o choro, tentei decifrar o que nos aconteceria. Embolados uns nos outros, sabíamos que não havia como nos proteger e vencer quem era mais forte que todos nós. Algum tempo depois, um deles retornou. Não sei se enviado por Deus ou pela própria consciência, nos soltou.

Ao primeiro esboço de grito, ele tapou minha boca e sussurrou entre os dentes travados. Sentindo seu hálito nojento e os respingos de saliva, suas palavras me paralisaram novamente:

– Não grite, porque, se os ouvirem, vão voltar e matar cada um de vocês e a mim. Não há mais como salvar seu marido e seu filho, mas há como salvar a si e aos outros.

Essa nova mordaça permaneceu sobre nossas bocas por mais um tempo até que vizinhos vieram nos consolar. Na manhã seguinte, os que foram cedo para a machamba encontraram os restos de meu marido e de Merci, corpos esquartejados, ossos destroçados, com a carne ainda intacta, à espera dos abutres que têm como tarefa tirar de nossa vista a podridão a que se reduz o homem.

Nos restou, a mim e aos meus sete filhos, nos alojarmos na igreja católica, sob o olhar de Jesus crucificado, como se ao menos Ele tivesse como garantir nossa sobrevida em detrimento de sermos abatidos pelos mesmos que outrora estiveram protegidos por Seu manto. Não há chance para o luto interno, nem ao menos podemos nos vestir conforme a tradição exige. O sofrimento pela perda não encontra espaço, pois o sofrimento pela incerteza do futuro consegue ser maior. Um marido que escolhi ter (não por ser quem era, mas por necessidade) e o primeiro filho que Deus me enviou faziam parte do passado, não poderia mais contar com eles.

Igreja não serve de casa para gente, só para Deus. Para nós, é lugar de passagem. Dali partimos. Todos sabem que, uma vez atacados, não nos transformamos apenas em vítimas. Passamos a ser testemunhas que podem denunciar crimes, reconhecer e acusar. De noite, perseguidos; pela manhã, fugitivos. Não pudemos voltar para casa nem sequer para buscar lembranças.

A partir do momento em que a família começa a ser destroçada, o destino reserva vínculos diferentes. Ao fim dos tempos, a vida não me deixará mais com todos os filhos, assim como outros virão pelo caminho, pessoas que se juntam a nós por terem se colocado na mesma estrada.

Aqui os pais não planejam o futuro dos filhos, essa carga é da competência da vida. Para nós, filhos são os que Deus nos envia, não importa como, se por trauma, violação ou união abençoada. Ao final, é sempre com sangue.

A pé, com fome e sede, chegamos a Baraka, onde perdemos tudo, que se resumia a poucas peças de roupa que tinham nos dado na igreja. À beira do lago Tanganyika, outros maï-maï cercaram o grupo ao qual nos juntamos. Nossa sorte foi que já tínhamos vendido algumas delas, mas agora não nos restava mais nada, só mesmo a roupa do corpo, que dificilmente alguém se interessaria em roubar, muito menos em comprar.

De certa forma sabíamos que um dia isso aconteceria. Merci presenciara a morte, por golpe de machete, de seu grande amigo Useni. Eles voltavam juntos da machamba quando foram cercados por um grupo de maï-maï que dominava nossa província. A favor desses estava um ancião chefe de uma das aldeias vizinhas.

– Vai chegar seu dia – disseram para Merci.

Useni presenciara o estupro de três mulheres por um grupo de soldados que dizia estar cumprindo ordens de um tenente do exército. Precisavam se vingar da população, que havia linchado um soldado que atirara em um aldeão. Brigavam por causa de uma mulher e acharam por bem que outras tantas pagassem pela disputa. Os soldados viviam agora sob a proteção dos rebeldes.

Pensamos em fazer *mangu* [bruxaria], mas de nada adiantaria recorrer à magia ou à intromissão dos espíritos. Para o feitiço encontrar sua vítima, é preciso saber ao certo quem ela é e onde ela mora, senão o feitiço acaba se voltando contra quem o enviou. Como os maï-maï não têm endereço certo e não os conhecíamos, não conseguimos fazer a encomenda. Não que tivéssemos o hábito de nos envolver com magia e bruxaria, mas tínhamos medo de ser alvo delas.

Para anular os infortúnios causados pelos espíritos que protegem as milícias, colocamos pedaços de carvão debaixo das camas depois que Useni viu a alma de um bruxo, em um de seus passeios noturnos, sobrevoando nossa casa. Ela viajava pelos ares emitindo uma luz brilhante, e sabemos que almas assim são capazes de arrancar os órgãos da vítima e levá-la lentamente à morte.

Dizem que os bruxos devoram a alma da carne de suas vítimas. Certa vez, Useni ficou muito doente e debilitado; desconfiamos que foi *mbisimo mangu* [alma de bruxaria] que o atingiu. Mas, apesar de embruxado, a vida dele não escapou.

Não há como negociar com os maï-maï, muito menos com os espíritos e as autoridades que os protegem. Eles têm informantes infiltrados nas aldeias. São eles que entregam quem tem cabeças de gado ou quem ganhou uma vaca como *lobolo* [dote], traçando a rota dos saques e da bandidagem.

Se alguém os reconhece, sela a própria morte, como aconteceu com Merci. Mas Useni jurou que não sabia quem eles eram, o que de nada adiantou. Não importou meu filho se manter em silêncio. O temor dos bandidos de serem denunciados foi maior que o nosso de sermos mortos.

Mais uma vez, pé na estrada até Karonga, na divisa da Tanzânia com o Malawi. Nos despedindo da terra para onde sabíamos que nunca mais voltaríamos, vivendo a vida de ser ajudada, ora por um, ora por outro, e de ser explorada, ora por um, ora por outro.

Nos escondíamos na mata ou ficávamos expostos no meio das aldeias muitas vezes hostis a quem escancara a miséria de todos. Fomos presos na Tanzânia, chantageados para conseguir autorização para atravessar o país até chegar ao Malawi, onde ficamos sabendo que havia um campo que ainda recebia refugiados.

Sentados na areia, sem nada, sem comida, nem água. As crianças, sem entender o que estava acontecendo em suas vidas, choraram a ponto de incomodar os guardas, que preferiram nos expulsar dali. Chega uma hora em que eles percebem que não há nada para lhes oferecer, pois não temos nada a dar, a não ser nossas vidas, que ali nada valem.

O que nos aconteceu foi um milagre. Sem dinheiro, conseguimos uma carona de van até Dzaleka. Nunca soube quem nos ajudou, quem pagou a conta. Viajamos em silêncio, pois tínhamos medo de ter que responder a perguntas que nunca nos fizeram.

Moses

Quando conversei com Moses, ele estava prestes a completar 27 anos. Nasceu na República Democrática do Congo, primeiro filho homem de um casal que já tinha duas filhas. O nascimento dele, em 1995, trouxe muitos motivos para a família comemorar. O que ele não sabia é que desde muito cedo precisaria tomar decisões, ter responsabilidades de um adulto e que iria sacrificar sua juventude para desempenhar o papel de pai e mãe de sete irmãos – dois deles, adotados – e da irmã que ainda viria.

Meu pai e minha mãe eram pessoas normais; minha mãe rezava, meu pai não se interessava pelas coisas da igreja. Meu avô paterno era quem tinha um pouco para nos ajudar no dia a dia. A família era de agricultores, e meu avô ensinou muitas coisas para meu pai, que, apesar de ser o quinto filho dele em um total de nove, era quem o acompanhava nos trabalhos na machamba. Eram pessoas que se amavam muito, visitavam uns aos outros, se ajudavam, no tempo em que meu avô ainda era vivo. A vida seguiu, cada um formou sua família através do casamento, minhas tias se mudaram para a região dos homens com quem se casaram, e poucas notícias se tinha delas.

A decadência de todos teve início quando meu avô adoeceu. Os dois irmãos mais velhos de meu pai tinham entrado para as forças armadas nessa época, quando o exército cometia enormes atrocidades pelo país com a desculpa de que estava buscando o melhor para os congoleses. Aos poucos, meus tios foram deixando a família de meu avô de lado e não apareciam para visitá-los. Os que foram para as forças armadas mudaram o coração, não valorizaram mais a família. Começaram a matar pessoas por muito pouco.

O mal entrou dentro deles de tal maneira que o irmão mais velho do meu pai demonstrou preocupação com a herança muito antes de meu avô morrer. Ele era o primogênito e, pela tradição, aquele que tudo herdaria. Como meu pai era o filho que cuidava dos meus avós, que buscava os recursos para alimentá-los e ajudá-los, o único que fazia questão de mantê-los vivos e bem, meu tio passou a odiá-lo e não fez questão de esconder esse sentimento.

Chegou a hora de meu pai se casar e ele logo desejou ter um filho homem, mas Deus mostrou que não seria assim. Primeiro vieram filhas, foram duas, uma atrás da outra, até que eu nasci – antes da gravidez da minha mãe completar nove meses. Eu ainda não estava maduro; quase fui perdido. Era o filho que meu pai tanto desejava e, em poucos anos, seria um dos principais alvos da ira de meus tios.

Antes que eu completasse 3 anos, minhas duas irmãs faleceram. Foram embruxadas a mando de meu tio. Com a ajuda de outros irmãos, ele planejou a morte delas usando os poderes de um bruxo de nossa aldeia. Um dia, elas acordaram com a barriga enorme, pareciam cheias de ar, iam explodir. Nada mais podia ser feito para salvá-las, foi o que disse o médico.

Doença prolongada e debilitante é o tipo de coisa causada por bruxaria. Tudo que minhas irmãs comeram em seus últimos dias de vida, outras pessoas também comeram, mas aquilo só prejudicou as meninas. Essa quebra de harmonia entre os irmãos de meu pai trouxe desgraça para toda a família.

Essas mortes afastaram meus tios por um tempo, mas logo eles retornaram, causando medo em todos nós. Meu avô tinha declarado meu pai herdeiro das casas e da machamba dele. Prevendo conflitos, minha mãe nos levou até um curandeiro e pediu que ele nos desse uma porção de *ngua kpoto*, droga feita a partir de uma trepadeira que, depois de mascada por um bruxo, foi cuspida dentro do corpo da gente como forma de nos proteger de todo mal que pudesse vir através do espírito.

Poucos dias depois, meu tio mais velho convocou uma reunião na casa dos avós para que todos os filhos e netos – principalmente os primogênitos – pudessem se encontrar. Da minha casa, apenas meu pai foi. Dois de meus primos foram envenenados nesse dia. A inimizade entre os irmãos crescia ainda mais.

A vontade de Deus foi feita e meus avós faleceram, um após o outro. Todas essas mortes doeram muito no coração de meus pais.

Mas nossa vida caminhou. O Congo estava no auge de sua segunda grande guerra e meus tios estavam muito ocupados em seus postos nas batalhas. Parecia que tinham nos esquecido.

Meu pai passou a administrar a machamba e nos mudamos para uma das casas que meu avô havia deixado para ele. Nela cabia toda a família; éramos cinco filhos e uma filha recém-nascida, além de um menino órfão que meus pais adotaram.

Em 2011, meu tio retornou; queria tomar posse das terras. Alegou que o testamento de meu avô não tinha valor diante das tradições do país. Os demais irmãos concordaram e a disputa foi parar no tribunal. Inicialmente o juiz reconheceu a autenticidade do testamento e achou justo fazer a vontade de meu avô.

A partir daí, os problemas só aumentaram. Inconformado, meu tio passou a atacar nossa família. Entrou na justiça novamente e corrompeu os juízes, coisa fácil para quem era das forças armadas. Meu pai perdeu tudo nos tribunais. Nos deram cinco meses para entregar nosso patrimônio para o primogênito.

Minha mãe concordou com a nova sentença em troca de nossa paz, mas meu pai não. Ele era uma pessoa dura, se recusou a atender à justiça e escondeu os papéis. Chegou uma noite em que homens fardados bateram na porta de nossa casa. Já era tarde, e começaram a gritar:

– Onde estão os documentos? Onde estão os documentos?

Perguntaram pelo meu pai, mas ele não estava em casa, tinha ido dormir na machamba. Reviraram tudo e, como não encontraram o que queriam, bateram muito em nós. Minha mãe foi atingida na nuca, e, quando fui tentar defendê-la, me esfaquearam no abdome. Ela não ficou bem e precisou fazer uma cirurgia; foi preciso vender nosso carro para pagar o hospital.

Recebíamos ameaças constantes, e a cena não demorou a se repetir. Mais uma vez, durante a noite, bateram forte na porta. Meu pai não quis abrir; pressentia que não era coisa boa. Eles eram muitos e, em pouco tempo, entraram. Fomos tirados dos quartos e levados para a sala. Estavam muito armados, usavam máscaras que cobriam o rosto todo, e não conseguimos reconhecê-los. Amarraram nossas pernas e nos mandaram ficar calados. Vasculharam a casa toda, jogaram tudo no chão, sempre perguntando onde estavam os documentos.

– Os documentos foram deixados para mim ou para vocês? – perguntou meu pai.

– Se não sairmos daqui com os documentos, temos ordem de matá-lo e a toda sua família. Essa história vai acabar aqui mesmo.

– Nunca vou lhes entregar o que foi deixado para mim.

Com essa resposta, meu pai selou a sorte dele e a nossa. O líder dos invasores tirou o capuz e a máscara para que pudéssemos ver claramente seu rosto. Era meu tio mais velho.

– Sendo assim, você vai se encontrar com nossos pais agora.

Pegaram meu pai e o levaram para fora da casa. Começamos a gritar, e os vizinhos jogaram pedras nas chapas de metal do telhado para fazer barulho e afastar os invasores, o que fez com que eles fossem embora. Ficaram com medo de serem denunciados.

Mas antes cortaram o pescoço de meu pai, que sangrou muito. O último a sair atirou na cabeça dele, e ouvimos seu último suspiro. Os vizinhos o levaram para a casa mortuária e eu, minha mãe e meus irmãos, para o hospital. Tinham batido muito em minha mãe, quebraram os braços de um de meus irmãos e espancaram meu rosto para que eu não esquecesse jamais o que poderia me acontecer caso eu um dia desejasse fazer como meu pai.

Demorou dez dias para sairmos do hospital e podermos sepultar meu pai. Mudamos para outra casa, e a primeira noite lá foi marcada por mais violência. Sentimos cheiro de fumaça e olhamos pela janela; o mato no entorno estava pegando fogo, nos obrigando a sair correndo, sob o risco de nos queimarmos junto com a casa.

Eles queriam que ninguém sobrevivesse para não haver testemunhas da morte de meu pai e de toda a violência que vivemos. Minha irmã mais nova tinha quatro meses de idade e foi quem mais sofreu com a fumaça. Eles bloquearam a porta, mas conseguimos abrir uma janela e, um a um, fomos saindo. Enquanto olhávamos para nossa casa se transformando em cinzas, minha mãe me contou que os documentos tinham ficado lá dentro.

Ela fez o que meu pai esperava que fizesse: continuou lutando pela posse do patrimônio. Contratou um advogado para incriminar meu tio e reivindicar a herança. Só não sabiam o quão poderoso ele havia se transformado nos últimos anos. O irmão mais velho de meu pai era mercador de armas, um intermediário entre os grupos que forneciam munição e o exército.

Um dia antes de o tribunal julgar a ação que estávamos movendo contra ele, nosso advogado foi encontrado enforcado em uma árvore. Entre os pertences dele, a polícia disse que havia provas de que minha mãe era a culpada de tudo aquilo. As provas que eles diziam ter contra minha mãe nunca apareceram, assim como o processo que movemos contra meu tio foi arquivado. Era hora de partir, já tínhamos perdido muito.

Tendo pouco o que carregar, basicamente coisas que ganhamos dos vizinhos, optamos por usar a selva como rota de fuga. Na estrada, era arriscado ficarmos mais expostos e encontrarmos barreiras do exército o tempo todo. Na floresta, corríamos o risco de nos encontrar com os maï-maï, porém os víamos como um perigo menor. Eu e meus dois irmãos mais velhos carregamos os mais novos, e minha mãe colocou a bebê nas costas. Assim começamos nossa caminhada.

Minha mãe queria apenas um lugar para ficar um tempo e pensar em uma solução; ela nunca quis sair do Congo. Durante dois dias, paramos poucas horas para descansar, até que chegamos a uma aldeia onde achávamos que ninguém sabia de nossa história. Ficamos lá durante duas semanas. Com o país em plena guerra civil, era comum pessoas chegando e partindo, pessoas pedindo ajuda, sem ter nada que comer. Sem querer chamar a atenção de ninguém, nos tornamos mais uma família nessa situação.

Numa tarde de segunda-feira, fomos eu e minha mãe ao rio buscar água e aproveitar para discutir a sós sobre o que poderíamos fazer, para onde ir. Quando retornamos à aldeia, vimos um grupo de homens armados com facões e catanas. Minha mãe reconheceu a farda deles como sendo dos mercenários que atuavam junto com meu tio, os mesmos que nos atacaram quando meu pai morreu. Eu não conseguia acreditar.

Eu tinha um pouco de comida em uma mão, o galão de água na outra. Corremos até a casa onde estávamos instalados, pegamos as crianças e começamos a correr. Eram quinze pessoas nos perseguindo. Minha mãe estava descalça e, logo que entramos na mata, seu pé foi perfurado por uma raiz de ponta afiada. Nervosos, em pânico, ouvindo o som dos rebeldes que se aproximavam, não conseguimos soltar minha mãe.

Ela segurou meu braço, olhou bem dentro dos meus olhos e disse:

– Filho! A vida de seus irmãos depende de você. Tenha coragem e força para conduzi-los. Essa será sua missão na vida. Eu não posso prosseguir. Mesmo que meu pé se solte, não vou conseguir caminhar. Fuja, leve-os para um lugar seguro.

– Não, mãe, não posso te deixar aqui. Se eles te pegarem, vão te matar.

– Confie em Deus, filho, e lembre-se de nunca desejar ter o que não pode ser seu. Vá!

Meus irmãos choravam, e me restou obedecê-la. Escolhi um caminho e falei para minha mãe que logo voltaria para buscá-la. Eu tinha esperança de que os homens não a encontrassem. Corremos até chegar a um lugar, entre árvores, para deixar meus irmãos mais novos. Meu irmão que tem dois anos a menos que eu disse que voltaria comigo.

Apesar do desespero, eu tinha me preocupado em observar os locais por onde passamos para saber retornar. E soube. Ao nos aproximarmos de onde minha mãe havia ficado, vimos partes do corpo dela espalhadas no chão e seu tronco jogado no rio. Ela foi destruída pela ganância e pelo orgulho dos homens! Para meu tio, nos vencer passou a ser uma questão de honra, mais do que o desejo de posse de territórios. Para nós, sobreviver passou a ser também uma questão de honra, um desejo de Deus.

Eu quis gritar, meu irmão tapou minha boca, me forçando a ficar em silêncio. Se alguém nos ouvisse ou nos visse, de nada teria adiantado todo o nosso esforço. Deixamos seus restos lá. A tristeza de não ter enterrado minha mãe é algo que nunca sairá de meu coração.

Tínhamos que continuar. Na maioria das vezes, não sabíamos onde estávamos nem para onde ir. Você começa a fugir e se encontra com tantas outras famílias na mesma situação, que se convence de que essa é a vida reservada para você.

Eu estava com 18 anos quando, no caminho, conhecemos um homem que nos encaminhou para um orfanato já lotado de crianças, a maioria sozinhas e desnutridas. Lá nos deram comida, roupas e esteiras para dormir. Foi a primeira vez, em dez anos, que nos sentimos seguros.

Até que um dia estávamos nos preparando para fazer a refeição da noite, quando chegaram uns homens gritando com todos. Em pouco tempo, mataram as mulheres que faziam a comida e algumas crianças que estavam perto delas. Não tivemos chance de procurar saber quem eram aqueles assassinos. Na minha cabeça, eles estavam atrás de nós a mando do meu tio. Começamos a nos sentir culpados, a acreditar que todas as mortes que ocorriam no nosso entorno eram culpa nossa. Nosso coração começou a doer muito.

No meio do tumulto, nos colocaram dentro de um carro junto com outras cinco crianças. O motorista sempre estava por lá levando ajuda para o orfanato. Apenas as crianças maiores ou as que tinham irmãos para carregá-las conseguiram fugir. Todas as outras foram mortas.

Paramos em um lugar tumultuado, porque estavam chegando muitas pessoas do Burundi, sobreviventes de um massacre de tutsis. Então o motorista disse que não poderia seguir mais com a gente. Como gratidão, o ajudei a consertar o motor do carro, que estava apresentando problemas desde que saímos do orfanato. Aos 12 anos, aprendi a dirigir o pequeno trator de meu pai e sonhava em fazer logo 18 para dirigir um carro e me tornar adulto de fato. A vida adulta chegou antes do que eu esperava; e não gostei.

Estávamos em algum lugar entre o Burundi e a Tanzânia. No meio daquele caos, nos juntamos a uns burundeses que sabiam onde havia uma igreja católica que ajudava quem estava em fuga. Foi a primeira vez que percebi que tínhamos nos transformado em refugiados.

Lá nos deram bananas, e soubemos que estávamos em Burundi. Como não podiam ficar com a gente, e depois de ouvirem nossa história, nos sugeriram atravessar o rio para a Tanzânia. Acompanhamos outras famílias dispostas a seguir por essa rota, mas fomos todos presos ao entrar no país.

Às vezes nos traziam um bolinho para comer e um copo com um pouco de água. Assim ficamos por três dias, porque não tínhamos documento, nem dinheiro. Ameaçaram nos mandar de volta para Burundi. Explicamos que tínhamos passado por muitos problemas de perseguição no Congo, que estávamos órfãos, e no Burundi não daria para tocar a vida em frente.

– Só temos vocês para nos ajudar. Se tiverem que nos mandar de volta, melhor nos matar e a nossa história acaba aqui. Não há como voltarmos, vão nos matar.

– Para onde vocês pretendem ir?

– Não sabemos – respondi. – Só estamos vivos. Queremos ir para onde pudermos ter paz, nada mais que isso.

Voltamos para a cela sem saber o que iria nos acontecer. À noite, o soldado que pegou a guarda veio conversar com a gente. Perguntou o que eu pretendia fazer com meus irmãos. Minha resposta era sempre a mesma:

– Preciso cumprir a promessa que fiz para minha mãe pouco antes de ela morrer.

– Todos estes sete são seus irmãos?

– Sim, todos eles.

Tinham nos colocado num lugar tão pequeno durante aqueles dias que mal nos cabia; passamos dia e noite sentados com as pernas encolhidas. Conversamos através das grades:

– Você teria como nos ajudar?

– Vou fazer o que for possível.

Ele foi tocado pelo coração e se sacrificou para que pudéssemos sair dali. Pela manhã, abriu a cela e nos mandou correr o mais rápido que pudéssemos:

– Vamos trocar de posição. Vocês ficam livres e eu respondo pelas consequências de fazer o que Deus espera de mim.

Atravessamos a fronteira a pé e ficamos sabendo que aquele homem foi preso por ter nos ajudado a fugir. Tentei voltar para livrá-lo dessa condenação, mas meu irmão, mais uma vez, me impediu. Se retornássemos seríamos presos, e o soldado não seria libertado. O fato já estava consumado. Não podíamos recuar. Honrar o sacrifício dele passou a ser também um de nossos objetivos e mais uma dor para suportar no coração. As pessoas estavam sofrendo por causa da gente; por quê, por onde passamos, somos capazes de causar tanta dor?

Conseguimos dinheiro para a viagem até o Malawi em igrejas, mas quando estávamos próximos da fronteira sofremos outro revés. Um de meus irmãos estava passando mal. A barriga dele, muito inchada, me fez lembrar da maneira como minhas irmãs tinham morrido, anos atrás.

Precisávamos encontrar um médico. Eu não podia deixá-lo morrer. Nos indicaram um hospital onde demoramos a ser atendidos porque estava muito cheio. O médico nos tratou com desprezo, mas se dispôs a atendê-lo. Quando foi coletar o sangue, meu irmão puxou o braço e o médico acabou perfurando a própria mão com a agulha.

— Não vê que você pode ter me passado HIV? Agora você terá que pagar pelo teste que vou precisar fazer! — gritou o médico com meu irmão que, na época, tinha apenas 3 anos.

Tivemos que deixar no hospital nossos últimos recursos para comer e continuar nossa caminhada. Nos informaram que Dzaleka estava aceitando congoleses, mas não tínhamos mais com o que pagar o transporte. Éramos oito pessoas. Estavam cobrando 40 mil kwacha malawianos[6] por cabeça. Imploramos, até que o motorista aceitou nos deixar embarcar. Os outros passageiros descobriram e começaram a nos maltratar. Mas não tínhamos o que falar, nem o que fazer. Nos habituamos a ser tratados como escória.

Todos os que chegam em Dzaleka e pedem socorro à ACNUR são enviados para a área de trânsito. É um local grande, onde as

---

[6] Valor equivalente a um mês de trabalho em uma machamba.

famílias ficam separadas por tecidos pendurados que fazem o papel de divisórias. Recebem um cubículo cercado por outros cubículos cheios de pessoas, sem mais nada, apenas um pedaço de chão e uma parede toda riscada, marcada por aqueles que antes registraram ali suas dores.

Tenho a língua toda recortada, falta algo que a proteja. Não foi problema dos conflitos; nasci assim. Há problemas que são da nossa origem, de sangue. Nem tudo que temos de ruim entrou em nós pela guerra, mas nos causam dificuldades. Não consigo engolir nada que seja ácido, a língua arde demais. Durante a fuga, ou morria de dor ou de fome; esse foi um dos dilemas, muitas vezes. As pessoas achavam que eu estava escolhendo comida, a gente só escolhe quando pode. Quando você decide pela vida, a escolha já foi feita. Venha o que vier.

Acordávamos todos os dias já com os corpos bem cansados. Passávamos nos vizinhos pedindo comida, catávamos garrafinhas de plástico pelo campo para acender fogo, esquentar alguma coisa para comer ou nos aquecer.

Foi na área de trânsito que conhecemos Joseph, um órfão congolês de 13 anos que, como nós, precisou deixar tudo para trás, incluindo seus mortos. Ali decidimos todos que a partir daquele dia seríamos uma única família, sem importar com o fato de não termos o mesmo sangue. Aprendemos o verdadeiro significado da palavra irmão.

Sei que quem nos persegue nos acompanha e sabe muito sobre nossa vida fora do Congo. Eles não querem a paz. Mas enquanto Deus mantiver a mim e a meus irmãos unidos, estaremos bem.

Hipócrates

Fui criado dentro das antigas tradições. Meus pais tinham um comportamento diferente dos de hoje. Era regra todas as crianças falarem a mesma língua – o dialeto da tribo. A língua materna, era obrigatório saber; a minha é tshiluba – falada nas províncias

Cassai Oriental e Ocidental. Por isso, era a única aceita dentro de casa, porque nos identificava com o lugar onde nascemos e crescemos.

Outra regra difícil de ser quebrada em nossa aldeia era em relação ao casamento. O pai escolhia a noiva para o filho e o noivo para a filha. Porque o casamento implica também a união entre duas famílias e não apenas entre um homem e uma mulher. A moça não podia sair da casa dos pais sem estar casada. Mesmo se fosse mais velha, ela não podia ter seu próprio quarto, sua casa, seu quintal, sem ter marido. E o casamento era efetivado não apenas pela cerimônia, mas também pelo *lobolo*.

Comigo foi diferente, não porque eu fosse contra as regras, mas porque eu fazia parte da exceção. Eu tinha estudo. Quem se formasse na universidade ganhava uma espécie de passe que permitia escolher o que fazer da vida.

Meus pais tiveram dez filhos, seis homens e quatro mulheres. Todos os filhos estudaram, e minhas irmãs tiveram maridos que cursaram universidades. Em uma família como a minha, que tinha condições de pagar a escola, essa era uma obrigação. Meu pai dizia que os seus filhos não iriam se casar antes de estudar. Era uma maneira de tirar dele a missão de escolher por nós a própria esposa. Ele quis nos transformar em homens livres. Eu era o primogênito; hoje restam apenas quatro de nós. Estudei a escola primária e a secundária em Lubumbashi, cidade próxima de minha aldeia, na República Democrática do Congo.

Sempre gostei de esportes. Futebol era meu passatempo preferido, e foi jogando uma partida que descobri minha vocação para a medicina. Num choque violento que tive com um companheiro de equipe, tive um sério problema no ombro que me fez frequentar o hospital por muito tempo. Enquanto tratava da lesão, observava o trabalho de cada médico e enfermeiro. Me chamava a atenção a dedicação de alguns deles e a forma responsável com que tratavam os pacientes, independentemente de etnia e condição social. Eles me serviram de inspiração a partir daquele momento. "Serei médico", me comprometi comigo mesmo, "e vou me dedicar ao esporte".

Eu tinha vocação. Se não estava dentro da quadra jogando, estava do lado da fora como técnico ou árbitro.

Quando me preparava para ingressar na universidade, em 1960, o estado de Catanga, onde morávamos, vivia uma guerra contra o resto do país. Um grupo de militares, sob o comando de Moïse Tshombe, tentou nos separar do governo central. Durante três anos convivemos com tropas armadas para todos os lados. Houve dias em que precisamos ficar presos dentro de casa sem saber o que acontecia do lado de fora. Esses conflitos retardaram minha entrada no curso de medicina na Universidade Estadual de Elisabethville.

Sete anos depois, em 1967, pude comemorar minha graduação e me casar. Escolhi minha esposa, uma moça de quem eu gostava de verdade. Juntos, criamos três filhos e três filhas. Como *lobolo*, paguei ao pai dela 100 mil kwacha malawianos e dois cabritos: um, presente do meu pai e o outro, da minha mãe. Dei também casacos, sapatos e roupas boas.

Meu objetivo sempre foi exercer a medicina no continente africano, mas precisei ir para outros países para me especializar. Comecei a buscar uma forma de ganhar uma bolsa de estudos no exterior. Me inscrevi para concorrer a bolsas em todas as universidades americanas e europeias que faziam oferta para cidadãos de países africanos. Eu tinha boas notas e haveria de encontrar meu lugar.

Tentei ir para a Europa duas vezes e não consegui. Na primeira, a fronteira do Congo com a Zâmbia estava fechada. Quando reabriu, o avião já tinha partido e não consegui remarcar a passagem. Da segunda vez, consegui uma bolsa para a Suécia, mas quando fui passar na fronteira do Congo com a Tanzânia disseram que meu visto não era válido.

Tudo estava dando errado, até que ouvi Deus. Eu era ateu. Na infância, quando íamos à igreja, eu me revoltava ao ver meus pais pagarem o dízimo: era dinheiro da nossa família que poderia ser usado para comprar comida. Estava desanimado quando, na volta da escola para casa, um padre católico conhecido de meus pais me ofereceu carona. Minha família era adventista, mas se relacionava bem com esse padre. Ele me perguntou se eu não gostaria de fazer seminário na Itália. Eu comecei a rir. Logo eu, que não acredito em Deus?

Mas ele me deu conselhos que me fizeram ver a vida por outro prisma. Comecei a quebrar a resistência que tinha em relação a Deus e passei a ouvir Sua palavra. As coisas na minha vida começaram a mudar. Caminhos se abriram, porque aprendi que Deus dá apenas a oportunidade, fica a cargo de cada um de nós conquistar o que lhe cabe. Aprendi a tentar, e tentar, quantas vezes fossem necessárias. Se dependesse apenas de mim, eu seria um especialista em medicina desportiva.

Passados uns meses, consegui fazer uma aplicação para a Universidade da Pensilvânia, nos Estados Unidos. Fui o primeiro congolês a estudar lá. A bolsa que recebi me dava direito a transporte, hospedagem e estudo. Paguei apenas pela alimentação. Fiquei lá de 1970 até 1974. Tive muitas dificuldades em me adaptar. No início eu não falava bem inglês. Ficava até tarde da noite revezando o estudo das disciplinas médicas e o da língua. Não tive colegas que me ajudassem com isso. Foi uma época muito difícil.

Havia o problema do racismo, a xenofobia. Eu era estudante de pós-graduação, mas consegui trabalho no hospital universitário; ajudava fazendo *checkup*. Na medicina, muitas vezes é preciso tocar o paciente para fazer um diagnóstico melhor. Outros profissionais faziam isso com facilidade; foram raras as vezes em que eu pude.

Fora da África, sempre passei constrangimento por causa da minha cor e da minha raça. Eu trabalhava como assistente, e todas as vezes em que o médico branco precisava se ausentar da sala durante um exame, era fácil perceber certo receio por parte dos pacientes. Eu era o único médico preto dentro daquele hospital.

Meu diploma estadunidense me deu o direito de exercer a profissão em vários países africanos. Quando voltei, trabalhei como médico de equipes de futebol do Zimbabwe e da Zâmbia. Minha mulher ficava em casa com as crianças, enquanto eu rodava de um local ao outro, mas sempre arrumava um tempo para passar com eles em casa.

Alguns anos depois, os escandinavos fizeram acordos com o Congo, facilitando a ida de pessoas para lá em busca de especialização.

Tive a oportunidade de aprofundar meus estudos em medicina desportiva em uma universidade na Suécia. Por um ano, me sustentei com uma bolsa integral, enquanto estudava biomecânica. Foi quando aprendi tudo sobre o problema físico específico de cada esporte: o boxe e os problemas no cérebro, o tênis e o cotovelo, o futebol e os joelhos.

Convivi com gelo, frio e muita solidão, fruto de uma cultura muito diferente da minha. Fiz poucos amigos, mas voltei com conhecimentos. Aqui na África pouco se sabia sobre medicina do esporte. Com isso, consegui crescer e ser respeitado nessa área.

Dia 15 de dezembro de 1999, me acidentei. Uma queda fraturou meu quadril e algumas vértebras. Sofri uma lesão permanente na coluna, me impedindo de voltar a caminhar sem apoio. Eu conseguia andar com ajuda de muletas. O que me sustentou foram minha família e minha fé em Deus.

Esse era apenas o início de um período muito difícil em nossas vidas. Conflitos entre as tropas do governo e os rebeldes nos mantinham em constante perigo. Por muito tempo, ignorei tudo o que acontecia acreditando que logo iria passar. Mas não: a cada ano e a cada governo, mais conflitos, mais mortes, maiores atrocidades.

Meu pai me ensinou a ser um homem livre; prometi a Deus ser bom e, ao fazer o juramento de Hipócrates, me comprometi a não distinguir quem merece ser tratado pela medicina. "Exercerei a minha arte com consciência e dignidade. A saúde do meu doente será a minha primeira preocupação…" foi sempre o que me moveu e também o que me condenou.

Fui preso em 2010, sob a acusação de facilitar a vida dos rebeldes ao tratar de todos aqueles que buscavam minha ajuda. Impedi a morte de vários homens, não me importando de que lado lutavam. Nunca coube a mim julgar quem está com a razão; a missão que Deus me confiou é outra.

Fui encarcerado na penitenciária de Catanga juntamente com um de meus filhos, que, na época, me ajudava na clínica quando eu precisava. Foi acusado de ser meu cúmplice. Houve revolta por parte de algumas autoridades da cidade, que consideraram arbitrária minha condenação. Porém, em poucas semanas, fui transferido para outra prisão, mais precária e lotada que a primeira, onde maus-tratos eram a regra.

Não tivemos direito a defesa, nem a visitas. Conseguimos nos manter sãos no início, em meio a pessoas desnutridas e sem esperança, muitas delas condenadas injustamente. Logo que a comunidade carcerária soube que eu era médico, passou a ter fila em frente a minha cela.

Continuei trabalhando, apesar de não ter nenhum outro recurso que não o conhecimento. Vi homens morrerem por falta de medicamentos básicos e atenção. Apesar de ter lido no noticiário que as prisões congolesas estavam entre as mais desumanas do mundo, era difícil acreditar no que via.

Alguém denunciou que eu continuava exercendo a medicina lá dentro, tratando de rebeldes, o que era verdade. O que eu mais via eram feridas decorrentes de brigas e falta de higiene; subnutrição e surto psiquiátrico. Eram os militares os piores criminosos lá dentro, capazes de atrocidades que prefiro não relatar.

A direção do presídio decidiu que estava na hora de me dar uma lição definitiva. Eu havia tratado de fraturas nos dois braços de um líder rebelde, imobilizando-os com tudo que havia disponível. Em troca, os policiais pegaram meu filho, o deitaram no chão com os braços abertos e espancaram seus braços, usando o cabo das metralhadoras e o calcanhar de suas botas. Me fizeram assistir a tudo. Me impediram de fechar os olhos e tapar os ouvidos. Só pararam quando meu filho desmaiou.

Nunca vou me esquecer do som dos braços dele sendo quebrados, o som do estilhaçar dos ossos pela força do cabo das armas, o gemido que só não saiu em forma de grito do fundo da garganta por falta de força. Por experiência própria, aprendi que a dor física causada pela tortura pode se encerrar antes que chegue a morte. No entanto, o ruído que ela deixa é eterno e insiste em doer. Nos largaram lá e disseram que eu podia curá-lo, caso quisesse. Meu filho morreu dois dias depois de ser brutalmente torturado.

Acabei conseguindo fugir, quando um grupo de rebeldes invadiu a penitenciária usando granadas, fuzis e facões. Muitos acabaram morrendo durante o confronto com os guardas, e poucos conseguiram a liberdade. Eu tive ajuda. Fui carregado por três deles, meus ex-pacientes na penitenciária. Eles eram líderes de grupos maï-maï e, ao serem resgatados, deram aos seus subordinados ordem de garantir a minha fuga em segurança.

Fui levado para a mata e nunca mais consegui firmar os pés no chão. Desde então, estou sobre uma cadeira de rodas. A dificuldade em me locomover não me impediu de acompanhar um grupo de civis que fugiam do Congo em direção a campos de refugiados.

Como eu falava muitas línguas, entendia praticamente todos os dialetos, consegui fazer aliados durante a travessia. Quando estava na cidade de Kasumbalesa, atravessei para a Zâmbia escondido em um caminhão malawiano que tinha como destino final Lilongwe. Eu não quis ficar na Zâmbia, apesar de ter amigos por lá; precisava me afastar ao máximo do Congo.

Cheguei em Dzaleka em agosto de 2017. Não era a primeira vez que eu pisava no país. Quando trabalhava como médico de equipes de futebol, vínhamos aqui para competir, na década de 1990, principalmente quando a capital foi transferida de Zomba para Lilongwe.

Procurei antigos amigos, que me ajudaram a me instalar no campo e me arrumaram um fisioterapeuta no hospital em Dowa. Mas a precariedade do sistema de saúde, junto com o fato de que fiquei muitos anos sem me tratar, me impediram de voltar a andar com muletas. Hoje, aos 78 anos, tenho também problemas com catarata e glaucoma. Sempre vejo moscas diante de meus olhos. Elas voam desgovernadamente. Fecho os olhos e elas somem. Quando estava em fuga na selva, me assustavam. Eu tinha medo delas; hoje, sei que vivem dentro dos meus olhos. Uma médica me disse que é por causa da miopia, mas a doutora não sabe o que vejo, ela não entende que depois da guerra a gente vê espíritos.

Duas de minhas filhas se refugiaram aqui. É com elas que vivo hoje. Aqui não há trabalho, é como uma prisão. A inteligência, o conhecimento acadêmico e profissional pouco nos serve nessa hora. Tudo aqui é limitado. Um dia eu reencontrarei minha esposa e os dois filhos que estão com ela. Enquanto isso, essa tem sido a vontade de Deus.

5
ABANDONO

Dzaleka – o lugar onde Grayce encontrou a paz – também registra um enorme índice de violência contra a mulher. Difícil encontrar uma que nunca tenha sido violentada em algum momento de sua vida. Também desconheço um local em que tantas mulheres criam sozinhas seus filhos, afilhados, naturais ou adotados, frutos de casamentos ou de abusos sexuais. A cada casa que visitamos, uma mulher abandonada, sendo que muitas acabam recorrendo à prostituição como fonte de renda.

"Na República Democrática do Congo, em muitas aldeias, quando uma pessoa morre, a família cobre o corpo com um tecido e o coloca sobre o chão ou sobre algum tipo de plataforma dentro da casa onde morava, até que o enterro ocorra, em média, depois de três dias. Quem convivia com o falecido – familiares e amigos – fica na rua, no entorno da casa, por cinco dias. Também se espera que eles deem alguma contribuição financeira para quitar as dívidas que o falecido possa ter deixado. No máximo em sete dias, todos voltam para suas casas. Essa é a nossa maneira de homenagear o morto e encomendar sua alma a Deus", me contou Francine durante uma de minhas incursões pelo campo. Ela nasceu na aldeia de Bakwansupi, na província de Kasaï Oriental. Aos 30 anos, não tinha um pretendente. Isso é muito preocupante porque, na cultura dos que vivem em Dzaleka, a mulher solteira não vale nada. Sem filhos, vale menos ainda. Quanto mais reproduzem, mais as mulheres demonstram sua força.

Francine disse ainda que, se quem morreu foi uma mulher casada e o marido não pagou todo o *lobolo* para a família dela, ele perde o direito de enterrá-la e de ficar com os filhos do casal até quitar a dívida. Já quando o falecido é um homem casado, a tradição segue outro princípio. Passado determinado período, os irmãos do morto retornam para recolher todos os pertences que ele tenha deixado e inclusive tomam posse da casa. A esposa é expulsa; deve seguir o caminho dela. Se eles tiverem filhos homens, a casa passa a pertencer apenas ao primogênito, que decidirá se a mãe fica ou não. Às vezes, a família se responsabiliza pelos filhos dele e cuida da viúva; é mais comum que algum irmão dele faça isso. A solidão, sem ter onde morar, faz com que muitas mulheres procurem outros parceiros. "Isso tudo torna o casamento um gênero de primeira necessidade na nossa cultura."

Presenciei uma conversa na oficina de costura na qual todos criticavam uma das costureiras da equipe, que tinha 34 anos e apenas duas filhas. Ela confessou que usava método contraceptivo porque não queria engravidar mais. "A vida no campo é muito dura, nem sempre tem trabalho, ao contrário da necessidade de comer", foi a conclusão à qual chegaram ela e seu segundo marido, pai de sua segunda filha.

Os colegas de costura a acusaram de ter feito um feitiço, pois conseguiu "prender o marido em uma garrafa". Inclusive o convencera de que, como ela estava trabalhando e ele, desempregado, seria justo o marido se encarregar das tarefas da casa e das crianças, o que é inaceitável para a maioria.

Outro ponto que me chamou a atenção foi o valor que muitas mulheres do campo dão aos filhos do estupro. Não fazem distinção entre os que foram concebidos pelo casamento, por desejo, por amor ou por violência. Aborto provocado é coisa rara, não por estar escrito nas leis dos países onde nasceram, mas porque Deus enviou a criança. "Não temos dinheiro; temos filhos", esclareceu Patrick com orgulho.

Participei de um grupo terapêutico com quarenta mulheres que tinham em comum o fato de terem sido vítimas de abusos sexuais. Foram poucas as que demonstraram vergonha em se expor, em contar sua experiência para as demais. Muitas tiveram filhos com seus abusadores e as crianças estavam ali, brincando no parquinho próximo às nossas vistas. Falar dos abusos, assumir que foram usadas não normatiza os estupros. A dor é profunda e traumática, o que não quer dizer, para elas, que precise ser escondida e camuflada. As prostitutas são chamadas de *kangaroo* em Dzaleka, que significa, em suaíle, canguru. Ninguém soube me explicar ao certo o sentido desse termo, apenas me disseram que, ao empregá-lo, a intenção é diminuir a mulher.

*

"Meu marido morreu nos conflitos. Eu fugi sozinha com meus filhos e não tenho quem me ajude a nos manter vivos. Muitas vezes, preciso deixar as crianças sozinhas para ir ganhar dinheiro. Por programa, eu recebo de 200 a 500 kwacha malawianos, dependendo do homem. Com esse dinheiro eu consigo comprar seis tomates bem maduros. Até que, numa noite, quando voltei, vi que a minha casa estava pegando fogo. Lá dentro estavam meus quatro filhos; a mais velha, de 6 anos, que tomava conta dos irmãos, tinha acendido uma vela. São irmãos de barriga, não de pais. Cada filho fruto de um homem. Dificilmente reconheço um com o qual me deito. É mais fácil assim.

"Minha filha tinha colocado os irmãos na porta da casa, e todos estavam muito assustados. Além de enfrentar a culpa de vê-los daquele jeito, sentia os olhares dos vizinhos e das mulheres como machetes me penetrando. Até mesmo os daquelas que, como eu, recorrem aos programas para alimentar seus filhos.

"Meu pecado foi ali desnudado, não havia como manter em segredo a razão pela qual tinha deixado meus filhos sozinhos. Prostituição não é coisa para se orgulhar, é para esconder inclusive de nós mesmas. Depois disso, só busco água no poço à noite por medo de ser insultada e apanhar das outras mulheres.

"Eu chorei muito; as crianças, não. Elas costumam chorar de fome, não de medo, nem mesmo o medo de ficar na rua as assustou. A mim, sim, porque eu fui a culpada. Pedi desculpas à minha filha mais velha, pedi perdão pelo que fiz a eles. Tudo aquilo é errado para as crianças e para Deus. Não consigo sair da prostituição porque precisamos comer. Não tenho recursos para começar um negócio, então tenho que vender aquilo com o qual Deus me presenteou ao nascer."

*

"Eles não deveriam reclamar, porque o serviço pesado, de buscar água no poço, longe, é nosso; arrumar o que comer e cozinhar é serviço nosso, assim como criar as crianças. Eles vão para o bar; as mulheres, não. Eles vão jogar bola ou algum jogo de tabuleiro. A nós, mulheres, resta conversar com a vizinha, lamentar e rezar."

*

"Meu erro foi ter sido enganada por um homem que me prometeu uma vida melhor. Me usou e me largou quando achou outra. Fui abandonada também pela minha família, como se tivesse cometido um crime. Meus pais passam por mim nas ruas do campo e viram a cara; fazem questão de me mostrar o quanto sou desprezível. E pensar que meu pai não foi o único homem que usou minha mãe. Todos sabem disso, inclusive ele."

*

"Ontem passamos o dia comendo apenas sal. Era o que tínhamos em casa. Nem sempre consigo fazer um programa. Já tenho 35 anos, sou considerada velha, eles preferem as novinhas, em quem podem semear filhos. Para mim, sobram os que têm pouco ou nenhum dinheiro. Muitas vezes aceito pagamento futuro, que nem sempre vem. Mas preciso arriscar; não tenho outra opção. Fome já temos, então se o dinheiro vier, é lucro.

"Acabo trazendo-os para dentro de casa, aos olhos de meus filhos. Na cabeça das crianças, se posso fazer aquilo, elas também podem. Desconfio que as meninas estão ficando com homens também, só que na rua. Meu filho ainda é pequeno, mas sei que um dia fará como os homens que vêm aqui; vai usar as mães dos outros."

*

"Fico excitada quando meu filho mama em meu peito. Penso no meu marido que morreu no Congo. O filho não é dele, não sei com quem a gravidez entrou, apenas desconfio de quem seja, mas pouca diferença faz. Os filhos são só da mãe."

*

"Quando sinto desejo, meu dedo me alivia. Sinto desejo quando vejo alguns homens, mas tenho medo de doenças. Aqui no campo tem muita mulher com doença. Não sou mais *kangaroo*. Consegui um trabalho."

*

"Bato água morna na vagina para passar o desejo, a vontade de estar com homens. Depois leio a bíblia e durmo. Tenho marido, mas ele chega em casa bêbado e não olha para mim. Vira as costas. Mas traz dinheiro para casa. Quando não consegue, vou atrás de homens que possam me dar dinheiro."

*

"Fui surpreendida por cinco homens. Estava sozinha no caminho entre minha casa e a machamba. Cinco contra uma. O que vale uma mulher sozinha? Uma mulher que não tem um homem para protegê-la?

"Dois seguraram meus braços, outros dois minhas pernas, e me abriram. Cada um quis ficar com um pedaço, enquanto o quinto fazia o que devia. Assim se revezavam e riam. Tudo foi muito rápido. Eles mal entravam e já gozavam, como se fossem meninos novos. Mas eram homens formados."

*

"Sinto a dor de ter sido violada. Mataram meu marido no Congo. Não vi os homens que fizeram isso comigo. Apenas acordei no hospital. Desde então, escorre água pela minha vagina. Não consigo ter minha dignidade devolvida."

*

"Nasci em uma família rica, proprietária de machambas. Tínhamos ouro e tudo o que podia ser comprado. O que nos faltava era tranquilidade. Meus tios tinham inveja do que meu pai tinha conseguido e começaram a persegui-lo e a nos ameaçar. As queixas na polícia pouco adiantaram. Até que chegou o dia em que meus pais perderam a vida por causa disso. Eles os mataram e arrancaram tudo de nós.

"Chegaram em nossa casa dizendo que nossos pais estavam mortos. Só isso, nada mais. Crianças não tinham direito a nada, tudo o que era de meu pai virou propriedade dos irmãos dele. Fomos colocados na rua, sentíamos fome e frio, e, como não estávamos acostumados a isso, não sabíamos como e onde arrumar comida e lugar para dormir.

"Decidi me casar quando tinha 16 anos. Levei junto meus dois irmãos e minhas duas irmãs. Eu era a mais velha. Os maridos costumam aceitar que as órfãs não abandonem seus irmãos, foi por isso que me casei. Se as esposas conseguem manter a casa organizada e a comida na mesa, no início basta.

"Meus tios ficaram preocupados com a possibilidade de um dia meus irmãos reclamarem as terras que lhes eram de direito e começaram a nos ameaçar. Vi que, se continuássemos onde estávamos, eu ia perder o que restava da família. Para piorar, muita gente estava morrendo de cólera na nossa área. Eu e meu marido decidimos fugir levando todo mundo conosco.

"Saímos de Sebele, na província de Kivu do Sul, no Congo, onde eu tinha nascido e crescido, com o objetivo de chegar até o campo de Goma, na divisa da Tanzânia com o Malawi. Muitas pessoas estavam indo para lá. Em uma das igrejas onde nos alojamos para dormir, encontramos uma menina órfã que estava sozinha. Ela devia ter uns 5 anos. Meus irmãos começaram a brincar com ela, quando percebemos estávamos dividindo o que tínhamos; a tornamos uma de nós.

"Os grupos de fuga se formam nos barcos, na beira dos lagos, para onde todos se dirigem e seguem em direção aos campos de refugiados. A fuga é feita basicamente à noite, para que ninguém seja visto. É tão perigoso fugir quanto ficar. Mas seguir é o objetivo, não importando para onde.

"Cansado de carregar tanta criança, meu marido criou amizade com os homens que fugiam sozinhos, amizades ruins. Começou a beber e a fumar maconha. O bem que ele fazia para nossa família, não fez mais. Um de meus irmãos era epilético e começou a ter muitas crises quando chegamos em Goma. Meu marido queria que eu o largasse antes de seguirmos para Dzaleka. Como eu poderia fazer isso?

"Eu tinha algumas roupas muito boas, a única herança que meus tios nos deixaram pegar antes de fugirmos. No caminho, nós trocamos as roupas por comida ou por um lugar para dormir. Mas, como não conhecíamos o valor do dinheiro na Tanzânia e no Malawi, fomos enganados repetidas vezes.

"Consegui estudar até a sexta série e tinha o sonho de ser professora. Nunca mais pude ir à escola; fui abandonada pelo meu marido, dizem que se juntou com outra mulher. Hoje vivemos entre uma e outra casa emprestada dentro do campo. Não tenho trabalho, não tenho negócio, não confio em ninguém. Sou obrigada a me prostituir, assim como minhas irmãs. A que está com 17 anos já tem dois filhos com homens que ela pegou. É o que eles deixam para a gente. Filhos."

*

"Nasci em Muyinga, no Burundi, e estou com 27 anos. Nunca tive uma vida boa, minha família é pobre. Nós somos camponeses, vivemos graças às machambas. Cheguei a ir à escola, mas não consegui me formar, me casei cedo. Em alguns países da África, pensamos que quando se estuda, se prepara a vida. Se não estudar, resta casar. Os próprios homens, aqueles com quem toda mulher quer se casar, preferem mulheres que tenham estudo. Elas podem ajudar a família a ganhar mais dinheiro. A pessoa certa é a que vai nos ajudar a mudar de vida. É dessa que gostamos.

"No meu caso, depois que me casei, nada melhorou. A diferença foi que me mudei para Karuzi, onde morava a família dele. Havia muitos problemas entre eles. Brigavam por causa dos terrenos das machambas, sempre lutando pelas terras, se matavam de qualquer maneira. Alguns abandonaram as machambas por medo de serem mortos. Outros se meteram em assuntos de política local e entraram para o governo.

"Aproveitaram a posição política e pressionaram o resto da família. E estando no governo, sempre se tem razão. Quando não conseguiam o que queriam, levavam os parentes aos tribunais. Um crime que você não cometeu, mas alguém do governo te denunciou, não há chance de escapar da prisão.

"Meu marido fugiu de casa depois de uma briga com os irmãos. Começaram a investigar onde ele estava, todo dia me pressionavam para saber se ele voltaria para se vingar. Nem eu sabia onde ele estava; pensei que poderia estar morto. Decidi fugir com nossos quatro filhos, mesmo sem saber que fim ele tinha levado.

"Conseguimos transporte até a Tanzânia e ficamos no campo de Mtabila durante alguns meses. Lá havia muitos refugiados de Burundi. O controle era mínimo. Muitos andavam armados, trazendo insegurança para todo mundo, mas ainda assim, para mim, era melhor ficar dentro do campo. Fora havia mais risco de ser violentada e morta.

"Decidi que o melhor era continuar fugindo até chegar ao Malawi. No início, vendia sal, açúcar e óleo em uma banca que eu armava no centro do campo. O dinheiro que eu conseguia não era suficiente nem para comprar comida para meus filhos, então não sobrava para investir no negócio. Às vezes eu ajudava algumas pessoas a capinar, plantar tomate, milho, limpar as machambas. O que eu recebia em troca era um pouco do que eu tinha plantado.

"A realidade é que aqui em Dzaleka nos resta a prostituição. De que adiantou fugir dos homens que tentaram me violentar esses anos todos? Hoje sou eu quem ofereço. Fiquei reduzida a isso, a essa vida. Meus filhos só veem as coisas piorarem a cada dia. Eu não dou a eles um bom exemplo. Mas o que mais tenho para dar?"

*

"A voz dos homens me atrai. Quando faço sexo, fecho os olhos e tento me concentrar na voz. Prefiro não ver o rosto. Me iludo pensando que, não os encarando, estou apenas sendo usada, e não abusada."

*

"Eu soube de um casal de noivos tutsis que tinha marcado a data do casamento, ia ter festa. Mas não deu tempo. A cerimônia não aconteceu. Então decidiram que podiam se deitar juntos, juntar os corpos. Eles vestiram as roupas que tinham feito para o grande dia. Gastaram uma fortuna com as roupas. Como tiveram coragem de matar uma moça vestida de branco? Mataram todos os sonhos dela. Você tem ideia do que é jurar fidelidade porque acredita no amor verdadeiro e se ver de pernas abertas para qualquer um e depois outro e outro?

"Nem sei se deu tempo de eles fazerem amor, o que disseram um ao outro enquanto ouviam o barulho da casa sendo invadida, dos passos, da gritaria. Espero que o noivo tenha conseguido ser o primeiro, porque certamente, quando abriram a porta do quarto, fizeram fila para deixar sua marca nela. De que adianta nos guardarmos para um único homem se a vida nos faz pertencer a todos?"

*

"Aqui no campo é quase impossível ter privacidade. Tudo acontece às claras, para todos verem. Vivemos em cubículos, dividimos a mesma esteira e assim nos reproduzimos; não é difícil saber como foi a noite de alguém dentro das casas. Tudo é acompanhado de perto pelos olhos e pelos ouvidos de todos. Fugimos juntos, dormimos juntos, morremos juntos dos vivos. Não há como olhar ao lado e não ver ninguém. É impossível sobreviver sozinho quando não se tem nada. Precisamos uns dos outros para dividir, a divisão acaba sendo regra, divide-se a dor, a escassez, o amor."

*

"Vou te explicar uma coisa que acontece aqui. Muitas mulheres têm preconceito contra as que precisam se prostituir até chegar o dia delas também entrarem nessa vida. Não é fácil. A maioria de nós não queria estar nessa posição. A gente sabe que não é certo, que um dia teremos que acertar com Deus.

"Quando você passa fome, quando vê seus filhos definhando sem forças porque estão com a barriga vazia, toma coragem para fazer qualquer coisa. Somos exploradas de todas as formas, pelos homens, pelas mulheres, pela polícia, pelos governos."

*

"Eu fugi do Burundi para a Tanzânia. Fui pedindo ajuda pelo caminho. Quando cheguei em Karonga, perto da fronteira com o Malawi, já tinha quatro filhos. Dois partiram comigo de casa, um fizeram em mim pelo caminho e o outro, adotei. Ele estava sozinho, tinha perdido a mãe, não sei se ela morreu, o largou ou se separou dele em um momento de tumulto e empurra-empurra. Isso acontece na hora que você olha para o lado e, de repente, onde estão seus filhos? Foram levados no meio de dezenas de pernas que se puseram a correr de medo de algum ataque ou porque descobriram que estão distribuindo comida em algum lugar.

"Em Goma, na divisa, há um posto que recebe os refugiados. Lá os oficiais da fronteira me subornaram. Veja o nível da nossa pobreza. Aqueles senhores estão ali trabalhando, recebem por isso todos os meses e ainda querem que quem está em fuga, carregando muitas vezes apenas seus corpos, deixe com eles o pouco que tem. O que eu tinha? Meu corpo. Foi ele que ofereci.

"Consegui um lugar em um campo de refugiados lá. Mas, quanto mais lotado o lugar, mais você é descartada. Pessoas como você, que estão fugindo pelas mesmas razões, que conhecem a sua dor, passam a te maltratar. Bateram a cabeça do meu filho no chão e ele quase morreu. Tentaram me jogar no chão também, mas eu reagi a tempo. Estavam acusando meu filho de ter roubado. Acusaram, mas não tinham prova de nada. Fomos todos para a polícia. Tentaram me subornar também, mas um policial me ajudou: 'Pegue seus filhos e vá embora', me disse.

"Todos querem se aproveitar de uma mulher viúva, sem marido. Não tenho quem me proteja. Voltei para o campo e duas mulheres me cercaram. Me bateram muito. Só pararam quando o chefe do quarteirão chegou se impondo. Mas pouco adiantou, porque ele me ameaçou também, depois que eu não me deixei ser tocada em troca de proteção. Eu achava que seria possível viver sem precisar usar o sexo para conseguir o básico.

"Quando cheguei em Dzaleka, ganhei da ACNUR uns sacos de cimento e um pequeno terreno para subir minha casa. Em poucos dias roubaram meu cimento e ocuparam o terreno. Não quero viver ameaçada. Quero apenas criar meus filhos."

*

"A única coisa que me preocupei em pregar na parede foi um crucifixo pequeno. Tem homem que pede para tirar de lá ou tampar. Ficam constrangidos com Cristo de olho neles, enquanto estão fazendo algo que é melhor não deixar testemunha. Sabe por que escolhi o crucifixo? Ele carrega uma história de dor, a história de dor mais linda que existe. Como não sei o final da minha vida ainda, aprecio o dos outros. Então o crucifixo está lá para me lembrar que meu final pode ser assim também, um momento de arrebatamento."

*

"Os homens e as mulheres criam todo tipo de história sobre nós, as prostitutas. 'Quem terá sido ela?', se perguntam quando ficam sabendo da morte de uma. Terá tido vida dupla? O que ela teria deixado para trás, em Ruanda, de onde fugiu? Será que teve marido, filhos? Enganados ou desenganados? Pobre alma perdida, que descanse em paz! E que Deus a perdoe."

*

"Fui estuprada na infância. Meu pai foi embora quando eu era pequena. Fomos morar com a mãe da minha mãe, que também tinha sido abandonada. Éramos umas vinte pessoas dentro daquela casa. Crianças, éramos sete. Muitos homens se aproveitaram de mim, meu pai me violou e me vendeu para outros homens. Eu era pequena e indefesa. Era isso que você esperava ouvir? Inventei essa história para justificar a vida que levo. Tenho vergonha. Muita gente diz que temos outras formas para combater a fome, que Deus não gosta de gente como eu. Preguiçosa."

*

"Eu nasci no Congo, em uma aldeia na província de Sankuru. Antes do casamento, quando eu e meu marido ainda estávamos namorando, tínhamos encontros quentes, com muitas carícias. Com o tempo, ele insistiu muito e me convenceu de que, como íamos nos casar, podíamos fazer sexo. Se ninguém ficasse sabendo, não teria problema, pensei. Resolvi me entregar.

"Na hora, gostei; depois tive uma sensação de culpa, de que estava traindo minha mãe e de que Deus ia me castigar. Fiquei muito assustada porque as amigas que já tinham se casado diziam que doía demais e sangrava. Comigo não aconteceu nem uma coisa nem outra.

"Será que eu era de fato virgem? Ficava me perguntando. A sorte foi que, quando acabou, meu marido subiu as calças dele e desceu minha saia rápido. Estávamos com medo de sermos descobertos. Seria uma desonra para nós dois. Assim ele nem percebeu a falta de sangue. Meus maiores medos eram engravidar e ser abandonada. Mas correu tudo bem.

"O começo do nosso casamento foi muito tumultuado. Morávamos com minha mãe, em dois quartos. Ele ficava me procurando.

Eu tinha muito medo que alguém ouvisse e visse. Esperávamos todos dormirem e eu percebia que ele sufocava o gemido."

*

"Quando eu era criança, tínhamos uma cadela que deu cria. Eu adorava ficar pelada e colocar os filhotinhos para lamber entre minhas pernas. Me dava a maior vontade de rir. Não eram cócegas como coçar o pé ou debaixo do braço. Até que minha mãe resolveu acabar com os cachorrinhos; mal tínhamos o que comer, e não sobrava para eles. Disse que ia matá-los. Um dia colocou todos dentro de um cesto de palha e, com um facão na mão, subiu até o final da machamba. Foi lá para trás. Pegou os cachorrinhos, um por um, deitou-os num pau e, com o facão, cortou o pescoço deles. Matou-os a sangue frio. Eu a vi matar alguns, mas não aguentei ver o restante. Não podia acreditar que minha mãe seria capaz de fazer aquilo.

"Às vezes, quando encosto de leve no braço de um homem, daqueles bem peludos, sinto o mesmo arrepio que sentia com a lambida dos cachorrinhos. Mas tem que encostar só o pelo em minha pele. Não precisa ser homem bonito, apenas ser cheiroso ou não ter cheiro ruim, e também não pode ser muito velho.

"Outra forma que descobri que me faz sentir isso é quando estou dormindo e me dá vontade de fazer xixi. Sem perceber, levo a mão lá e aperto os dedos. A sensação é boa demais. Até que acordo. Acho que é o que vou sentir quando me deitar com o homem com o qual eu me casar um dia."

*

"Quando morávamos no Congo, veio viver na nossa casa uma menina um pouco mais velha que eu. Ela devia ter uns 12 anos, e a mãe dela tinha acabado de morrer. Pai, não devia ter. Foi parar lá porque não tinha mais família. Numa tarde de sábado, minha mãe estava no poço lavando roupa e meu pai apareceu em casa. Ele ficava muitos dias na machamba e não era sempre que voltava. Eu estava brincando na rua e queria chegar a tempo de recebê-lo; acreditava que ele estava lá porque queria me ver.

"Antes mesmo de eu entrar, da janela, ouvi uns gemidos de dor. Ele estava transando com a menina. Me assustei e fiquei sem saber o que fazer. Não consegui gritar, mas também não consegui ficar ali parada. Saí correndo e me misturei às outras crianças no meio do beco.

"Naquele mesmo dia, ele nos levou para comer *maandazi*. Era a primeira vez que ele comprava alguma coisa para mim; nunca tinha dinheiro. Ao invés de saborear o bolinho, fiquei olhando para os dois imaginando se aquela teria sido a primeira vez e se minha mãe tinha alguma ideia.

"Parecia que não sentiam culpa nenhuma. Foi também a primeira vez que gastei mais tempo observando aquele homem grotesco e rude. Seu rosto tinha marcas e cicatrizes profundas. Mudei o olhar para as mãos abrutalhadas, ásperas e aflitivas, típicas de quem trabalha em uma machamba. Tive pena dele.

"Meu corpo ficou paralisado, imaginando qual a sensação de ser tocada por aqueles dedos. Eu sabia que se um homem fizesse aquilo comigo, corria o risco de engravidar. Mas logo voltei a imaginar o quanto devia ser bom sentir uma mão sobre o corpo. Ela foi embora uns três meses depois. Se juntou com um homem que conheceu na rua. Nunca tive coragem de contar para minha mãe."

*

"Quando minha mãe arrumava um trabalho, eu ficava sozinha em casa com o marido dela. Ele era muito nervoso; eu tinha tanto medo dele que às vezes, só de vê-lo, eu fazia xixi na roupa, ficava paralisada, apavorada. Ele me olhava e dizia: 'Vem aqui, eu não sou monstro não', 'dê um abraço aqui no seu pai', 'minha filhinha, você tem a pele macia', 'seus cabelos são lindos'.

"Ele fazia coisas que eu não entendia, mas sabia que eram erradas. Falava que, se eu contasse para alguém, ele ia cortar minha língua. Eu acreditava. Quando bebia muito, dava demonstrações do que era capaz me espancando, puxando meus cabelos, me jogando no chão, pisando na minha barriga, dizendo que, se quisesse, me mataria, como fez com muitas mulheres tutsis."

*

"Não tenho mais nada a ensinar para meus filhos, a não ser a prostituição. Sofro com doenças do sexo e tenho medo de passar para eles. Quando saio para buscar dinheiro, deixo eles trancados dentro de casa. Uma pessoa assim não merecia ser mãe, mas Deus quis que eu fosse."

*

"Meu maior desejo é um dia ser uma mulher de valor. Meu marido me abandonou com as crianças depois que fui violentada. Fui atacada por três homens e não consegui me defender. Mas como eu poderia? Sou mulher. Estava sozinha."

*

"Meu marido me descartou depois que fui violentada. Não fez nada para evitar. Se ficasse mais tempo em casa com a gente, não teríamos sido violentadas, eu e minha filha mais velha. Virei uma canção na zona."

*

"Já cansei de ser usada pelos homens. Quero trabalho, suor verdadeiro. O suor da prostituição não é bom. Sonho com um homem de verdade. Que me olhe e me guarde. Vou gostar dele, eu sei que vou. Mas estou cheia de cicatrizes, desde que comecei a ter vários parceiros comecei a soltar água pela vagina. Não há remédio que me cure. Se eu encontrar um velho que goste de mim, como vou fazer?"

*

"Muitos homens que vivem no campo se cansam facilmente da esposa e da família que criaram. Não suportam o choro de tanta criança com fome. Acabam abandonando o lar, isso quando não expulsam a família de casa para colocar outra lá dentro. Isso aconteceu comigo. Desde que cheguei aqui, há cinco anos, me casei duas vezes e tive um filho com cada marido. Eu já tinha quatro crianças que nasceram no Congo, onde me casei pela primeira vez. Estou tentando arrumar outro homem, mas com essa quantidade de filhos é difícil conseguir; mas ainda tenho esperanças."

*

"Para mim, só os homens tinham vontade de fazer sexo. Até que um dia uma amiga me disse que as mulheres também podem ter prazer. Nunca tive."

*

"Às vezes chego a ter raiva das pessoas precisarem fazer sexo. Para mim, não faz falta viver sem."

6
MALAWI – O CORAÇÃO QUENTE DA ÁFRICA

Várias pessoas com as quais conversei pouco se lembram de detalhes da infância. Patrick diz que deve ser por causa da fome. "As pessoas aqui costumam não saber o dia em que nasceram. Se esquecem." Acontece uma ruptura; são duas vidas em sequência: aquela onde faltava o que comer, mas havia a família, e a de depois dos ataques, na qual apenas a fome é a característica que permanece inalterada. Sem pai, mãe, irmãos, marido, esposa, filhos, a primeira história chega ao fim. A partir dali, uma nova se inicia. É desta última que se tem mais lembranças.

A maioria dos registros de entrada em Dzaleka, feitos pela ACNUR, aos quais tive acesso, trazem todos os membros de algumas famílias nascidos dia primeiro de janeiro. O que varia é o suposto ano. Não sabe o dia de seu aniversário? A ACNUR te presenteia com o primeiro de janeiro. É grande o valor que as pessoas dão a esse registro; um papel impresso contendo o nome e a foto de cada membro da família, data de nascimento e país de origem, cuidadosamente guardado em um saco plástico como forma de protegê-lo do passar do tempo. Cada um com quem conversei fez questão de me mostrar seu registro. Para eles, não bastava eu os estar vendo, conversando com eles, os ouvindo. Aquele papel é uma maneira de comprovar sua existência.

Desde a primeira vez que estive em Dzaleka, me surpreendeu o valor que se dá aos certificados, documentos com timbre de alguma instituição assinados por alguém a quem se dê autoridade. A cada oficina de costura concluída, me cobram os certificados. A cada aula que assistem, correm atrás dos certificados. Como a maioria saiu de seus lares com as mãos vazias, deixando para trás tudo o que comprovasse quem eram (registro civil e diploma de escolaridade, por exemplo), agora precisam reconstruir não apenas sua vida, mas também seu currículo.

Entretanto, o documento mais desejado por todos, e também um dos mais caros, é o que os identifica como refugiados. A maior parte das pessoas que vive no campo de Dzaleka ainda não conseguiu esse título, até mesmo muitas das que chegaram em 1994. Por isso, é mais correto identificá-las como solicitantes do *status* de refugiado.

Essas pessoas acusam funcionários do governo do Malawi de vender o título ao invés de concedê-lo gratuitamente, como acontece na maior parte dos demais países membros da ONU. Dizem que, extraoficialmente, é cobrado o valor mínimo de 200 dólares americanos por pessoa para agilizar o processo. A maioria não tem o que comer, muito menos como ceder ao suborno. Sem contar que as famílias são numerosas; não basta apenas um conseguir. O *status* de refugiado é necessário para pleitear asilo em outros países onde, na teoria, possam gozar de uma vida em liberdade.

Perguntada sobre o que mais desejava receber do projeto, uma refugiada respondeu: trabalho.

— Uma casa não dá para comer, roupas não dão para comer e uma refeição mata a fome na hora. Com trabalho posso comprar comida, me alimentar, matar a sede, o frio e, inclusive, com o tempo, ter como comprar uma casa.

O dia começa cedo. Antes mesmo do nascer do sol, os poucos poços artesianos espalhados pelo campo estão cheios de gente. A extração da água é feita mecanicamente. Usando a força dos braços, as mulheres, principalmente, enchem seus galões e contam com a ajuda das crianças para carregá-los até suas casas ou para lavar suas roupas e utensílios ali mesmo.

As estradas se enchem de pessoas que levam nos ombros suas enxadas e facões até as machambas de milho e tomate que existem no entorno ou para pequenos pedaços de terra no meio do campo, onde poucos cultivam *matymbyly*, um tipo de verdura que se come refogada junto com a *xima*, pasta feita com farinha de milho, que forma a alimentação base de quem vive no campo.

Sou amante dos mercados de rua. Sempre que viajo, saio à procura deles. É onde sinto que faço o mergulho mais profundo nas culturas que visito, e, em Dzaleka, não poderia ser diferente. O grande mercado aberto acontece às terças-feiras, a partir das 6 horas da manhã, bem na entrada do campo. Os produtos são expostos no chão, sobre a própria terra ou sobre uma lona preta de plástico. Poucos são os que têm direito a um tablado de madeira.

Muitos expositores misturam peixe salgado e seco, peças de metal para múltiplos usos, sapatos e tecidos. Pode-se comprar de tudo: comida, utensílios, roupas e carne de boi e bode abatidos e pendurados ali mesmo, à mercê de moscas e dos olhos da maioria. É possível comprar verdura finamente picada na hora. A preferida é a *chinese*, que se come refogada e tem sabor e textura semelhantes à nossa mostarda. Em meio ao vaivém de centenas de pessoas, as cabras e os cabritos disputam o espaço e o que eventualmente cai no chão.

Terça-feira é também o dia em que os salões de beleza ficam cheios, e a discrepância entre os que têm dinheiro e os que não têm, mais escancarada. São os comerciantes malawianos os proprietários da maior parte dos melhores espaços na feira. Conheço poucos refugiados que conseguem manter uma banca no mercado, mas são eles a grande maioria dos clientes. Por sua vez, na capital Lilongwe, a maior parte dos comércios rentáveis está nas mãos dos árabes e indianos, ficando reservada aos malawianos a posição de atendentes das lojas.

E ao consumidor, o que sobra? Em Lilongwe, compramos três bicicletas para facilitar o transporte entre a sede do projeto e os recantos de Dzaleka. Não há lojas especializadas: há lojas onde se encontra de tudo. Pesquisei aqui e ali e acabei comprando de um indiano que vende também equipamentos eletrônicos variados. Escolhi as *bikes* tendo como base a do mostruário: modelo antigo, ultrapassado, produzido há mais de vinte anos, nunca usada. Era o que tinha. Muito do que se vende por lá são peças refugadas pela indústria e pelo comércio dos países europeus e da América do Norte. Ao consumidor, o que sobra? Os restos.

Tudo deve ser pago em dinheiro vivo. Exceto hotéis e alguns restaurantes, ninguém recebe cartão de crédito. No caso das *bikes*, cada uma custou 600 mil kwacha malawianos, sendo que a maior nota em circulação é a de 2 mil. Em maio de 2023, 2 mil kwacha malawianos valiam o equivalente a 2 dólares no câmbio oficial. Por isso, quando vamos às compras, precisamos levar grandes quantidades de dinheiro em espécie.

No dia seguinte, quando um refugiado foi montar as bicicletas, percebeu que dois pneus estavam rasgados e quatro câmaras, furadas. Voltei à loja para fazer a troca.

– Eu não tenho nada com isso. Vendi para a senhora o que recebi de meu fornecedor.

Não há espaço para conversas e negociações pós-venda. Comprei mais dois pneus e quatro câmaras. E assim funciona a cadeia da exploração – fornecedores exploram os comerciantes indianos e árabes que, por sua vez, exploram os consumidores malawianos, que exploram sua clientela de refugiados.

A exceção fica com as lojas que comercializam capulanas: estas estão majoritariamente nas mãos dos malawianos. No Brasil, usamos o termo "capulana" para designar o tecido típico africano, pois assim ele é chamado em Moçambique, país de língua portuguesa. No Malawi, é conhecido como chitenge, e no Congo, kiwembe. Originalmente sua composição é 100% algodão, é resistente e durável. Não contém elastano, o que o torna não maleável e não flexível, fazendo com que muitos ocidentais não gostem de usá-lo para confeccionar roupas. Mas há também as capulanas sintéticas, com alta percentagem de poliéster, produzidas na China, que começaram a invadir o comércio dos países africanos.

Muitas capulanas dão a impressão de que são revestidas de cera. Algumas chegam a ficar bem encorpadas e a brilhar, aspectos que vão se esvaindo após sucessivas lavagens. Os tecidos de algodão são estampados pelo processo conhecido por *batik*, típico de Java. É relativamente recente a adoção de trajes multicoloridos e estampados que identificam o atual estilo de vestir do africano. As capulanas têm sua origem nos panos produzidos na Indonésia e levados para o continente africano, no século XIX, por comerciantes europeus – principalmente da Holanda (através da Companhia Holandesa das Índias Orientais), da Grã-Bretanha e da Suíça. Inclusive, várias fábricas de capulanas africanas fazem questão de destacar, em suas etiquetas, o fato de seus produtos serem "Authentic Java" – uma referência apenas à origem do estilo e não ao local onde são produzidos atualmente.

Sobre o tecido de plano de fundo neutro – preferencialmente, branco – é aplicado um padrão impresso em estêncil de cera com estampas geométricas ou filigranadas, que depois são tingidos. Isso explica por que muitas peças vêm com aspecto encerado, assim como com falhas nas estampas. Quanto mais qualidade tem a impressão, mais difícil se torna distinguir o lado direito do avesso.

No Malawi, as lojas especializadas em capulanas as importam principalmente da República Democrática do Congo (vendidas como sendo as melhores e mais caras), de Gana e da Nigéria. Tanto na capital Lilongue como em Dzaleka e nas aldeias do interior do Malawi, a capulana é amplamente usada, principalmente pelas mulheres. Elas transpassam uma capulana na cintura fazendo o papel de saia, mesmo quando estão usando uma calça comprida; faz parte da identidade delas. De maneira geral, o comprimento de uma capulana é de 2,20 metros e a largura, de 1,15 metro. Serve também como suporte para carregar os filhos nas costas ou na frente do corpo. Com eles agarrados, as mulheres estudam, trabalham, vão às compras e caminham. Turbante, forro de mesa, cortina, coberta para a cama ou forro para se deitar no chão, as capulanas têm multiusos. No campo de refugiados, não é raro encontrar também homens trajando conjuntos de calça e bata de capulana.

Gosto muito do estilo africano. Me identifico com suas cores vivas e estampas bem definidas. Não há tons pastel, muito menos pálidos. Cores e estampas diferentes são misturadas em uma mesma peça de roupa de maneira magistral. Parto do Brasil, em direção aos projetos nos quais implantei e mantenho oficinas de costura, trajando e levando em minhas bagagens roupas que faço ou ganho dos alunos, todas em capulana. No continente africano, além do Malawi, coordeno oficinas nos projetos da Fraternidade sem Fronteiras em Moçambique e em Madagascar.

Em meio ao caos do comércio em Lilongwe, há também muitas oficinas de costura. Esse é um ofício valorizado pela cultura de vários países do continente africano. Uma roupa feita sob medida mostra o *status* e o poder de quem a veste. Quando os homens começam a se destacar como costureiros, passam a ser chamados mestres. As mulheres, independentemente de sua competência ou habilidade, serão sempre costureiras. Trabalham à sombra deles.

No centro da cidade, vários costureiros, mestres e costureiras instalam suas máquinas na calçada e ali mesmo negociam com seus clientes. Movem ligeiro os pedais das máquinas, dispensando a energia elétrica, de alto custo. Pouco se incomodam com os tecidos arrastando no chão de terra e muito menos com a poluição dos caminhões, carros e tuk-tuks que, de vez em quando, ameaçam atropelá-los.

O Malawi está situado na África Oriental, fazendo divisa com Tanzânia, Moçambique e Zâmbia. É conhecido como "o coração quente da África". Essa denominação não veio em decorrência das altas temperaturas típicas do continente, que chegam a 33 graus centígrados, mas da amabilidade característica dos nativos descendentes dos povos chichewa, tumbuka e ngoni, todos de origem bantu. Em chichewa ou chewa – língua local –, "Malawi" significa "sol nascente", símbolo estampado na bandeira do país.

A chegada do explorador britânico David Livingstone à margem norte do lago Niassa, em 1859, deu início à exploração europeia da região. Em 1891, o território passou a ser chamado Protetorado Britânico da África Central, transformado em 1907 em Protetorado da Niassalândia. Em novembro de 1962, o governo britânico concordou em conceder autonomia à Niassalândia a partir do ano seguinte. O país mudou o nome para Malawi e se tornou independente em 1964. A língua inglesa está entre as oficiais, porém, apesar de ter seu ensino obrigatório em todas as escolas, a maior parte dos que vivem em aldeias no interior do país falam apenas dialetos locais.

Não atrai muitos turistas, apesar de suas belezas naturais, a começar pelo lago Niassa (que deu o nome ao protetorado), ou Lake Malawi, uma espécie de oásis em meio à aridez. Em suas margens encontram-se hotéis administrados, a maioria, por europeus que, além de diárias completas, oferecem aos turistas a possibilidade de usufruir das instalações pelo sistema de *day use*. O lago muito se assemelha a um oceano, tamanha sua extensão – 560 quilômetros de comprimento, 80 quilômetros de largura máxima e 700 metros de profundidade. As praias de areia lembram as brasileiras, e a água cristalina tem uma temperatura amena mesmo no inverno, quando o clima chega a 8 graus centígrados.

Porém, não é possível caminhar por longos trechos na areia. Barreiras criadas pelo homem impedem que quem está nas praias fora dos domínios dos hotéis se misture com quem está dentro, e vice-versa. Mais uma maneira de separar os que podem pagar 50 dólares por um dia de diversão dos que não chegam a ganhar isso pelo mês de trabalho. Safáris e parques nacionais, repletos de trilhas, também atraem os poucos turistas que se aventuram por lá. E por que eles são poucos? Segurança e falta de estrutura para recebê-los são os principais motivos.

7
RUANDA

Ruanda é um pequeno país situado na região centro-oriental do continente africano. Historicamente, foi habitado por diferentes etnias: hutus (agricultores), a maioria; tutsis (pastores), possivelmente originários da Etiópia; e twa, a minoria. Até então, os três grupos conviviam em relativa harmonia. A grande rivalidade entre eles teve início no século XVIII, quando os tutsis passaram a ocupar cargos importantes na administração do Reino de Ruanda e a compor a elite econômica do país.

A Conferência de Berlim determinou que o território de Ruanda-Urundi (que formava um único país até 1962) ficaria a cargo da colonização alemã, que escolheu os tutsis como parceiros locais, cedendo-lhes postos na administração da colônia, inclusive mantendo o rei tutsi em seu posto. Mais uma vez, os hutus ficaram relegados ao segundo plano.

Após a Primeira Guerra Mundial, o domínio passou para os belgas. Estes apregoavam que a etnia tutsi era superior à hutu, com base em seus traços genéticos: alta estatura, tom de pele mais claro e nariz afinado. Em resumo, se aproximavam minimamente dos padrões de beleza e elegância que os europeus tanto valorizavam nos brancos. A separação dos nativos de acordo com a etnia, por imposição da colônia, chegou ao ponto de ser declarada nos documentos de identificação dos cidadãos.

A Revolução Ruandesa, em 1959, expulsou do país o rei tutsi Kigeli V, que fugiu para o exílio em Uganda, fazendo eclodir a violência entre os grupos étnicos. Dois anos depois, chega ao fim a colonização europeia e o país passa a ser uma república governada por hutus, forçando muitos tutsis a fugirem para os vizinhos, como Burundi, Tanzânia e Uganda.

A situação para os tutsis piorou com a ascensão ao poder de Juvénal Habyarimana, que era hutu, através de um golpe de Estado, em 1973, contra o presidente da mesma etnia, Grégoire Kayibanda. Habyarimana ficou no poder por duas décadas e atravessou uma grave crise econômica nos anos 1980, período em que os hutus aumentaram o preconceito e o ódio pelos tutsis. De um lado, o poder dos hutus se fortalecia; do outro, grupos de exilados tutsis em Uganda se organizavam para retornar a Ruanda. As manobras desses grupos deram origem à Frente Patriótica de Ruanda (FPR), cujo objetivo era tomar o poder. Ataques da FPR contra as tropas governamentais de Habyarimana marcaram, em 1990, o início da guerra civil, que se estendeu por três anos.

Extremistas que viviam em Ruanda propuseram a ideologia Hutu Power, e a disseminação de suas ideias aumentou as tensões dentro do país. Os *Dez Mandamentos Hutus* pregavam a supremacia e a liderança desse grupo sobre tudo o que envolvia a vida pública. Consideravam traidores todos os hutus que se casassem, tivessem uma amante ou empregassem uma mulher tutsi. Também foram proibidos de fazer qualquer tipo de negócio, emprestar e investir em empresas que tivessem capital tutsi. "Os hutus devem parar de ter misericórdia em relação aos tutsis", essa era a ordem. Parar de ter misericórdia significava, entre outras coisas, que o melhor a fazer era dizimar o inimigo pela morte.

Em 1993, um cessar-fogo assinado entre representantes das duas etnias teve como objetivos garantir o retorno dos exilados tutsis, propor a criação de um exército composto por tutsis e hutus e realizar eleições presidenciais. Adeptos do Poder Hutu e outros grupos de extremistas, inconformados, decidiram partir para o ataque.

Em 6 de abril de 1994, o avião no qual estava o presidente Juvénal Habyarimana foi derrubado em Kigali, capital de Ruanda, matando também o presidente do Burundi, Cyprien Ntaryamira. Esse ataque, cuja autoria nunca foi esclarecida, foi utilizado como pretexto pelo Poder Hutu para convocar a população hutu a atacar tutsis e hutus moderados.

Milícias populares se armaram com o que tinham à mão, principalmente facões – ferramentas que utilizavam na agricultura. Os interahamwe – aqueles que lutam e atacam juntos – se juntaram aos impuzamugambi – aqueles que tem o mesmo objetivo –, sendo responsáveis por milhares de mortes de tutsis e hutus moderados a partir de 1992.[7] Em 1994, as duas organizações se fundiram, passando a se denominar apenas interahamwe. Emissoras de rádio foram utilizadas para convocar hutus a matar tutsis. A senha para o ataque era "cortem as árvores altas", uma alusão à antiga vantagem que os belgas davam aos tutsis sobre os hutus.

Os interahamwe se viam motivados a atacar, pois recebiam comida e dinheiro pelas missões bem sucedidas – ou seja, com grande número de mortos – e a promessa de que poderiam se apossar das propriedades dos tutsis exterminados. Em cem dias, estima-se que 800 mil tutsis foram mortos. Não houve mobilização internacional para impedir o genocídio, sendo que as tropas das Nações Unidas que estavam no país foram retiradas logo após o assassinato de dez de seus soldados.

Em julho de 1994, a FPR capturou Kigali e declarou cessar-fogo. Cerca de 2 milhões de hutus fugiram para o Zaire (hoje República Democrática do Congo) e outros 60 mil foram mortos por tutsis.

---

[7] Para saber mais, acesse: https://www.britannica.com/topic/Interahamwe.

Jaquelina

Jaquelina diz que tem 40 anos ou perto disso. O que tem a me contar é a partir de 1994, quando começou a fugir. Até então, só registrou fome e muita miséria. Nasceu em Ruanda e, no ano em que o presidente Habyarimana foi morto, seus pais foram vítimas de radicais que um dia entraram na aldeia e, de maneira aleatória, degolaram quem viram pela frente.

Eu não sabia o que estava acontecendo, porque matavam a todos. O que eles tinham feito e o que seria de nós? Estavam caçando como se costumava fazer nos dias em que a aldeia se reunia para adentrar no mato para buscar algum bicho. Só que estavam matando pessoas e largando os corpos onde caíam.

Eu estava no rio Nyabarongo, que fica perto de casa, quando recebi a notícia de que meus pais tinham sido mortos junto com os pais de todos os outros que estavam brincando comigo. Mortos de qualquer jeito, como qualquer um, por alguém que nunca tinha nos visto ou visitado.

Saímos desorientados, cada um para um lado. Corri sozinha, com medo e muita fome. Bebia água dos rios por onde passava, água vermelha do sangue dos nossos, amarga, que arranhava a garganta a cada gole e a cada lembrança. Eu chorava o tempo todo. Tentava me movimentar encostada em árvores, me arrastando pelo chão e pelas paredes; às vezes ficava totalmente paralisada por horas, pois tinha medo de ser surpreendida pelas costas.

Minha mãe sempre me dizia que o mal vinha do nada e pegava de surpresa sua vítima. Parecia que tudo e todos tinham olhos que seguiam meus movimentos e pensamentos à espera de um passo mal dado. Eu desejava que ao menos meu corpo sobrevivesse, pois a alma já estava condenada por ter vivido o que ninguém deveria viver nunca.

É duro não ter para quem contar sobre o que está te acontecendo, alguém para compartilhar suas dores, mesmo que essa pessoa esteja vivendo os mesmos problemas. Não ter alguém ao seu lado, fugindo junto, é maior do que o que chamamos solidão. É isso que a gente experimenta quando inicia a fuga.

Acho que levei quatro dias até Kigali. A impressão que eu tinha era que estava passando pelo mesmo lugar sempre. É provável que isso tenha acontecido mesmo, mas desconfio que foi principalmente porque eu me recusava a deixar tudo para trás, minha família, minha aldeia, minha história, por mais cotidiana, sofrida e igual que ela fosse. Era apenas aquilo que eu tinha de meu.

Pela primeira vez eu estava pisando na capital, onde minha mãe nunca chegou a ir. A cidade não se parecia nada com o que eu imaginava, não que eu tivesse imaginado muito, mas quando se é criança a gente junta tudo o que nos contam e constrói imagens daquilo que acreditamos ser bom. A Kigali dos sonhos deu lugar à Kigali do medo. Ali também os tutsis estavam sendo mortos aos montes.

Acabei me juntando a outras meninas que fugiam, umas com as mães, outras sem saber delas, como eu. Ali não era lugar para nós. Soubemos que estavam matando os tutsis que se reuniam em igrejas, escolas e em qualquer tipo de lugar para onde iam. Colocavam todo mundo dentro, fechavam as saídas e ateavam fogo.

Nosso lar passou a ser o mato, local que antes era refúgio para brincadeiras e tolas confissões entre as amigas. Antes conversávamos sobre coisas corriqueiras, evitando falar da fome e de tudo o que nos faltava em casa. Os temas de nossas conversas, entre desconhecidas que em pouco tempo se tornaram íntimas, passou a ser o que sentíamos.

Não é possível camuflar o medo escancarado. Era preciso dividi-lo, pois somente assim poderíamos sobreviver física e mentalmente. Com outras pessoas no meu entorno, diminuiu o medo de me locomover pela mata. Passei a acreditar que olhos humanos anulam os olhos dos espíritos. Até hoje questiono se sobrevivemos de fato ou se somos apenas corpos que ainda não foram abatidos por um golpe de sorte ou de magia.

Precisávamos atravessar a fronteira; o lugar onde nascemos não era mais nosso. A cada dia encontrávamos um grupo de pessoas diferentes. Ainda bem, pois assim nos colocamos em caminhos que ao menos alguém conhecia. Uns iam morrendo de desgosto, de fome, de doença. Ninguém mais se surpreendia com a presença diária da morte. A frequência com que ela nos visitava a tornou parte integrante e até esperada de nós.

Mas havia uma diferença. Se não pudemos cumprir os rituais fúnebres com os corpos das pessoas de nossas famílias, o fizemos com cada um do grupo que morria no caminho de fuga. A cada sepultamento, choramos, rezamos e honramos os que perdemos.

Ao sul de Ruanda, cansada de fugir, conheci um homem um pouco mais velho que, como eu, procurava uma companhia, e o aceitei como marido. Eu precisava me casar, e ele buscava alguém para cuidar da casa. O problema é que ele era hutu. Não tivemos escolha e nos casamos. Ele não era como os outros. Conseguimos conviver e viver bem até o dia em que sua família descobriu que ele se casara com uma *inyenzi*,[8] assim disseram quando me viram.

Na nossa cultura, se a família de um ou do outro não aceita a união, é melhor que ela não aconteça. Porém, nenhum de nós dois estava em posição de escolha. Sendo eu uma mulher sozinha, ele se viu dispensado de pagar o *lobolo*. Homens podem ser presos a pedido da família da noiva, caso não paguem o exigido, normalmente em cabeça de gado.

Quando se recusam a fazê-lo, é sinal de que estão apenas com intenção de usar a mulher. Pagar o *lobolo* significa comprar a mulher para si, sendo que os filhos desse casamento também passam a ser propriedade do homem e da família dele. Quanto mais poder tem a família, mais cabeças de gado são exigidas. A mulher fisicamente forte, em condições de trabalhar na machamba, tem seu valor duplicado.

Os irmãos começaram a exigir do meu marido uma série de coisas, queriam que ele abrisse mão da terra, me expulsasse de casa ou me entregasse aos interahamwe. Um dia, foram à nossa casa tendo nas mãos os chinelos que meu marido calçava antes de ir

---

[8] *Inyenzi* [barata] era o termo usado pelos hutus para se referir aos tutsis, expressando o desprezo que tinham por esse grupo étnico.

para a machamba. Disseram que ele mereceu o fim que lhe deram, e que a mim iriam dar também o que eu merecia. Ele foi reduzido a um par de chinelos e eu, a uma mulher sem valor.

De alguma maneira sabíamos que ele seria morto, pois os interahamwe temiam que ele contasse os planos dos hutus para a região. Àquela altura, havia patrulhas que tentavam promover a paz com ajuda internacional. Meu marido sabia muito, disseram. Tentaram me estuprar e me matar, mas, como eu estava grávida, decidiram me deixar ir. Um filho hutu em um ventre tutsi era a vingança deles.

Hassan

Conheci alguns jornalistas na primeira vez que fui a Dzaleka. Quem me apresentou aos dirigentes da rádio local foi Shanela, uma congolesa incumbida de me levar para comprar tecidos nas diversas lojas especializadas espalhadas pelo campo. Fomos conversando amenidades, e eu, sempre querendo arrancar o máximo de informações possíveis, perguntei a ela sua profissão: "Sou jornalista". Parecíamos duas crianças pulando de alegria ao saber que tínhamos isso em comum.

Mudamos nossos planos e fomos conhecer a rádio local chamada Yetu, que significa "nossa", em suaíli. A ideia, segundo o diretor que me recebeu, era atender à comunidade como um todo, independentemente da origem e da etnia de cada um. Sabemos que não existe neutralidade e muito menos imparcialidade quando se trata da veiculação de informações, mas ele me garantiu que ali havia espaço para todos.

Os maiores objetivos da rádio são a educação e o combate às fake news. *É grande o número de mensagens truncadas e tendenciosas que os refugiados recebem de suas pátrias. A todo momento, surgem notícias de novos massacres, conflitos, perseguições nem sempre reais, que causam pânico e preocupação.*

"Queremos manter as pessoas vivas e unidas através da divulgação de informações verdadeiras sobre tudo aquilo que foram obrigadas a deixar para trás", disse Shanela. Na programação, educação infantil

e para jovens, promoção da saúde, músicas, palavras que buscam dar esperança aos ouvintes. O prédio que a rádio ocupa pertence à ACNUR, que montou toda a estrutura de uma repetidora de curto alcance. "Os discursos matam tanto quanto as lâminas. Aqui tentamos fazer, das palavras, armas a favor da vida." *Mas nem sempre foi assim, como me atestou Hassan, um refugiado ruandês que sente carregar o peso de muitos assassinatos, apesar de não ter pegado em armas e matado diretamente seus compatriotas.*

Em 1992, eu tinha 29 anos. Comecei na rádio como um faz-tudo. Era mandado para cá e para lá, para fazer o que fosse preciso. Éramos poucos profissionais, e o salário mal dava para ajudar em casa. Minha família era grande; além de minha esposa e meus três filhos, moravam conosco meus pais, meus sete irmãos e duas tias idosas que tinham algum tipo de transtorno mental. Na época em que elas nasceram, pouco se conhecia de transtornos mentais, principalmente nas aldeias pobres. As pessoas simplesmente tinham limitações e viviam como podiam. Não incomodavam ninguém, e ninguém se incomodava com elas.

Fui parar na rádio não por vocação ou paixão. Foi o que apareceu para mim. Aos poucos, transitando entre os locutores e jornalistas, aprendi a ser um deles. Ficava em casa exercitando minha voz à espera de um dia poder falar ao microfone, pois sabia que quem se sentava naquela cadeira e passava as notícias tinha o melhor salário.

Maldita hora em que Jordan – um dos locutores – foi assassinado. A solução encontrada pelo editor foi me colocar no lugar dele enquanto não aparecia alguém com uma voz mais bonita. Pensei que aquela seria minha chance de fazer sucesso e quem sabe ser ouvido por alguma emissora de alcance nacional. Eu costumava ouvir a Rádio Estatal Ruanda, controlada pelo governo. Acreditava que nós – os hutus – éramos superiores aos tutsis. E fomos, se você pensar que tivemos o poder nas mãos, o poder de exterminar.

Lembro-me do dia em que nosso editor geral disse que a Rádio Ruanda estava cedendo seus equipamentos para a estação Mille

Collines (RTLM)[9] divulgar os princípios da filosofia Hutu Power e que deveríamos apoiá-los. Não tínhamos escolha, ele afirmou. Do contrário, seríamos considerados traidores e corríamos o risco de ter o mesmo fim de Jordan, que apareceu degolado depois de ter divulgado um texto a favor dos tutsis. Ele foi vítima da perseguição aos tutsis e aos hutus moderados. Ele era hutu, mas preferia ver todos como ruandeses acima de tudo.

Eu sou hutu, o que pesou a meu favor quando fui escolhido para substituí-lo. Poucos de nós, da rádio, estávamos dispostos a matar, muito menos a ser mortos pela causa. Porém, nessa hora você pensa em toda a sua família. Se você é perseguido, toda a sua família corre riscos. Eu tinha acabado de ter meu primeiro filho homem, meu herdeiro, depois de Deus ter me mandado duas meninas. Pouco me importava com o resto, até porque já estava cansado de tutsis sendo valorizados pelos poucos brancos que cruzavam meu caminho.

No dia seguinte nos unimos à cruzada contra os tutsis e engrossamos a voz, usando a rádio para incitar a violência. Eu mesmo cheguei a convidar os ouvintes para matar o máximo de inimigos possíveis. "Vamos exterminar as *inyenzi* [baratas]", usei minha boca, esta por onde estão saindo estas palavras agora, para convidar o povo a fazer justiça. Eu sonhava com um futuro para meus filhos e ainda acredito nisso.

Um dia, caminhando em direção à rádio, vi uma de minhas professoras primárias favoritas sendo arrastada pela polícia junto com sua família. Ela tinha sido uma de minhas maiores defensoras sempre que os colegas caçoavam do fato de que eu precisava de óculos de lentes grossas para enxergar. Ela estimulava os alunos menos inteligentes, ao contrário dos demais mestres, que nos castigavam sempre que tirávamos notas ruins nas provas.

---

[9] A Rádio Télévision Libre des Mille Collines (RTLM), também conhecida como Hutu Power Rádio, foi uma estação de rádio que transmitiu de 8 de julho de 1993 a 31 de julho de 1994. Ela desempenhou um papel significativo no genocídio de Ruanda. Para saber mais, acesse: https://bit.ly/3TeWB2g.

Eu a vi sendo morta diante de todos ali na rua e não fiz nada. Antes de dar o último suspiro, ela olhou para mim e sorriu, como a me desculpar por eu não tentar defendê-la. Ela era hutu, mas sua posição de buscar a igualdade não era tolerada pelo regime. Largaram o corpo dela e da família, quatro filhos, o marido e a sogra, jogados no meio da rua para que todos pudessem ver. Não tive coragem de me aproximar mais, muito menos de enterrá-la. "Deixe que os mortos cuidem de seus mortos", me lembrei de uma passagem bíblica e obedeci.

Comecei a me questionar se tinham valido a pena todos os anos em que estive na escola primária. Percebi que o que eu deveria ter aprendido não era como escrever textos bonitos para lê-los com orgulho na rádio, muito menos a fazer conta para saber gastar melhor os parcos recursos que me cabiam receber ao final de cada mês. Aquela professora, durante anos, tentou nos ensinar o significado de humanidade. Pelo visto, havia fracassado, ao menos comigo. E sabe por quê? Eu não era contra a matança, apenas não tinha coragem de matar.

Ao chegar à rádio, fiquei sabendo que estávamos sendo convocados a dar o exemplo. Além de usar as transmissões como arma, precisaríamos pegar facões e fazer parte das barricadas. Os ouvintes, inflamados por nossas palavras, queriam dividir conosco a ação.

Com a desculpa de que iria buscar minha família para que ela também pudesse participar, corri para casa. Sem dar muitas explicações, pedi à minha esposa que carregasse nossos filhos; joguei dentro de uma única mala as poucas coisas de valor que tínhamos, o dinheiro que estávamos juntando para comprar uma casa, um pouco de comida, e saímos correndo. Não me despedi de ninguém; não teria como carregar meus pais, até porque eles jamais entenderiam minha decisão.

Minha mente ficou repetidas vezes me dizendo "Covarde!". Fui covarde, sim! Não pelo fato de ter fugido, mas principalmente por não ter aceitado fazer parte daquela trama. Minha sorte era que os ouvintes da rádio estavam familiarizados com minha voz, mas eram poucos os que saberiam ligar meu rosto a ela. Eu já conhecia algumas rotas de fuga, pois, semanas antes, as denunciara durante minhas transmissões. Grande ironia! Naquele momento, eu precisava evitá-las se não quisesse ser descoberto. Passei longe dos rios Nyabarongo e Mwogo até chegar a Nyanza, onde um dos irmãos da minha esposa morava. Ele nos recebeu e não quis saber por que estávamos ali. Apenas pediu que fôssemos embora no outro dia. Não queria complicações com a polícia nem com as milícias.

Com o dinheiro da casa, paguei nosso transporte até Ruhango, onde ficamos alguns dias. Eu sabia que precisava deixar Ruanda, não porque desconfiasse que o pessoal da rádio tivesse me denunciado. Eu precisava fugir de mim mesmo, da história que construí. No caminho até Kigoma, na Tanzânia, meu filho pegou malária e faleceu. Minha esposa não me perdoou; eu não me perdoei.

Nunca mais me aproximei de uma estação de rádio, nem sequer tenho um aparelho ou ouço notícias pela internet. Ninguém aqui conhece meu passado. Me viro no campo amassando barro para fazer tijolos ou pego serviço em alguma machamba de tomate e milho. Não faço amigos e só aceitei esta conversa porque você é jornalista. Imaginei que um colega de profissão saberia entender o que eu passei e ainda passo. Na vida, fazemos aquilo que achamos conveniente no momento. Esta é minha sina. Não sei se teria feito diferente, depois de tudo o que passei. Que alternativa eu tinha?

8
WHAT'S THE PROBLEM?

Relações afetivo-sexuais entre pessoas do mesmo sexo são consideradas ilegais e criminalizadas na maior parte dos países africanos. Em um continente que engloba cinquenta e quatro países, apenas a África do Sul legalizou as uniões entre pessoas do mesmo sexo. Em Angola, Botsuana, Gabão, Lesoto, Moçambique, São Tomé e Príncipe e em Seychelles, relações homoafetivas não são consideradas crime. Nas demais nações africanas, onde a moral é ditada pela religião e pelo preconceito, a legislação avança contra o direito dos que não se identificam como heteronormativos.

A pena de morte para quem se envolve em relações homossexuais pode ser decretada em tribunais de Djibouti, Mauritânia, Senegal e Sudão. Na República Democrática do Congo e em Comores, a pena máxima é prisão perpétua. Em Camarões, a pena varia de seis a treze anos de detenção. No Egito, relações homossexuais são enquadradas pelas autoridades como atos imorais e julgadas como vadiagem, podendo levar a vinte anos de prisão dos envolvidos.

No Malawi, a comunidade LGBTQIAPN+ é acusada e condenada por "atos indecentes" e "não naturais" antes mesmo de ser julgada em tribunais. Surras, apedrejamentos, ofensas e humilhações públicas são comuns tanto nas aldeias e na capital, como no campo de refugiados de Dzaleka. Poucos se arriscam a deixar clara a orientação homossexual e a identidade de gênero que não se enquadrem na expectativa da lei. A pena mínima é o pagamento de multa e a máxima, catorze anos de detenção. Excetuando ONGs e ativistas pela causa gay, poucos os defendem.

Muitas vezes, a perseguição começa dentro das igrejas cristãs, cujos líderes frequentemente convocam protestos, passeatas e vigílias a favor do que chamam de preservação dos valores da família em detrimento dos valores de Cristo. A maioria dos africanos é adepta do cristianismo e do islamismo, mas muitos cidadãos que se identificam com essas crenças mantêm vivos antigos rituais de religiões tradicionais, em sincretismo.

Peaceful demonstration national wide in support of a Family. Come and stand up against homosexual practices and unions [Demonstração nacional pacífica a favor da família. Venha se posicionar contra a homossexualidade], diziam cartazes espalhados nas instituições protestantes e evangélicas pelas quais passei, enquanto caminhava pelo campo. São diretrizes de igrejas cristãs espalhadas pelo país.

Nesse mesmo dia de uma marcha contra os gays, cruzei com três travestis na estrada por onde caminhava. Como pagam caro por serem quem são! Eu mesma presenciei hostilidade a uma travesti por parte de mulheres cisgênero que, minutos antes, haviam sido humilhadas por terem sua condição de prostitutas publicamente revelada.

Estava esperando Patrick e Peter na porta do departamento psicossocial para darmos prosseguimento à coleta dos depoimentos quando vi uma travesti saindo de lá feliz por ter conseguido ganhar do projeto uma mala grande, vazia. Malas são muito apreciadas, pois fazem as vezes de armários nas casas onde não há lugar para guardar os poucos pertences. Ela sorriu para mim e eu sorri de volta, cumprimentando-a e compartilhando sua alegria. Logo atrás dela, um grupo de mulheres que esperava para ser atendido se levantou e começou a falar animadamente algo, para mim incompreensível:

— *Zutiu!*

Um dos funcionários congoleses do projeto, com expressão austera, as repreendeu. Não foi preciso entender o que elas e ele falaram para perceber que as mulheres estavam caçoando da travesti, que substituiu a expressão de alegria pela de constrangimento. *Zutiu* é o termo usado quando se deseja depreciar alguém em decorrência de sua orientação sexual.

What's the problem? What's the problem? What's the problem?, gritei repetidas vezes. Sou extremamente reativa a esse tipo de segregação, principalmente em locais como aquele projeto, no qual a discriminação é inaceitável. Nas oficinas de costura que coordeno, acolhemos pessoas da comunidade LGBTQIAPN+ que demonstrem o mínimo de interesse pelo ofício. Quem não aceita ou desrespeita o/a colega de trabalho, corre o risco de ser desligado do grupo.

Olivier

Subimos em uma mototáxi, o condutor, eu no meio e Peter atrás de mim. Patrick foi em outra moto, que minutos depois parou para pegar Olivier. Seguimos para o campo até a região das enormes tendas da quarantaine. *São chamadas assim por terem sido instaladas para isolar os que acabavam de chegar a Dzaleka, assim como os contaminados, no auge da transmissão do covid-19. O medo do vírus passou e as tendas permaneceram, e agora abrigam quem não tem onde ficar no campo.*

Inadvertidamente, os motoqueiros entraram na zona da quarantaine *e rapidamente pararam para que descêssemos, enquanto Patrick gritava com todos em suaíli. Não entendendo o que estava acontecendo, eu os segui e saímos, deixando Olivier lá dentro.*

— O que houve?

— Não poderíamos ter entrado sem permissão do chefe do lugar.

— Mas aqui faz parte do campo, aqui as pessoas entram e saem livremente. Por que precisamos de autorização, principalmente vocês, que também são refugiados?

— O problema não somos nós. É você. Ninguém quer que um estrangeiro veja a situação em que vivem os refugiados aqui depositados.

Faltava um dia para eu voltar para o Brasil, e colher o depoimento de alguém com o perfil de Olivier era um de meus objetivos. Com o incidente causado pela minha presença, ele precisou se separar de nosso grupo e temia por sua permanência dentro da quarantaine. Patrick dizia que, para piorar, agora meu entrevistado corria o risco de ser rechaçado e colocado na rua. Concluímos que o melhor a fazer era voltarmos para o projeto, o que muito me entristeceu.

Pouco tempo depois, avistamos Olivier correndo em nossa direção. Ele havia conseguido convencer os guardiões do local (responsáveis por verificar quem entra e quem sai) de que nenhum transtorno havia sido causado, ou seja, por ignorância minha e de meus parceiros, havíamos pisado em terreno proibido e, por isso, estávamos humildemente pedindo perdão.

Depois de andar mais um pouco, enquanto meus três companheiros discutiam, fomos parar em um enorme terreno baldio ao lado da rodovia, localizado antes da placa que dá boas-vindas aos visitantes de Dzaleka. Nos alojamos debaixo de uma das poucas árvores que ainda resistem.

— Você imagina para que servem esses piquetes?

— O pouco que entendo de engenharia me diz que essas marcações indicam que algo vai ser construído aqui.

— Sim. Novas tendas, enormes como as da quarantaine. A ideia é trazer todos os refugiados que vivem fora do campo para cá e aumentar o controle sobre quem entra e quem sai.

Tudo ajeitado. Enfim, eu e Olivier fomos formalmente apresentados. Antes de começarmos nossa conversa, ele me interpelou:

— Você pode usar tudo o que eu falar, pode citar meu nome, não precisa esconder nada. Mas só preciso saber: por que eu?

— Porque eu disse aos meninos que precisava conversar com diferentes pessoas que vivem aqui. Não quero expor sua pessoa, apenas tornar pública a dor daqueles que precisam fugir pelos mesmos motivos que você.

Tê-lo entre meus entrevistados foi uma das melhores experiências que tive. Olivier é dotado de um humor e um alto astral ímpares. Durante toda a tarde que passamos juntos, rimos muito, muitas vezes de sua risada alta e contagiante, aberta a ponto de vermos suas amígdalas. Ao contar sua vida, deslocou nossa imaginação para um palco, no qual se desenrolava uma peça de teatro com um único ator desempenhando papéis variados. Dramatizou uma vida cheia de altos e baixos, que dava uma vontade enorme de derramar lágrimas, e momentos de comédia, quando de engraçado nada tinham. Mas Olivier conseguiu tornar sua dor mais leve para aqueles que o ouviam. À noite, deitada em minha cama, fiquei pensando sobre o que faz com que aquele homem consiga rir e fazer rir sob tantos desastres e desafios.

Ele fala várias línguas e escolheu o inglês, em comum acordo com Patrick, para que eu pudesse entender um pouco mais. Nasceu em Camarões, mais precisamente na região Oeste, na província de Bapa, em 1978, em uma família polígama. É o quarto filho de sua mãe, a segunda esposa de seu pai, que já tinha oito filhos quando ele nasceu. Ao todo, até onde sabe, Olivier teve trinta e sete irmãos.

— Minha mãe tinha filho homem, filho homem, filho homem. E meu pai queria uma menina, uma menina, uma menina. Até que nasci eu, um homem com cabeça de menina.

Olivier estendeu os dedos polegares das mãos em minha direção e pediu que os observasse.

— Está vendo meus dedos? Há um osso inteiro aqui, onde normalmente os polegares de todo mundo dobram.

O detalhe no dedo é algo difícil de reparar num primeiro momento, mas é considerado fatal para um membro de sua etnia. No dialeto de sua aldeia, "Nkembe" quer dizer "meio dedo", e ele carrega esse estigma impresso em seu sobrenome. Era como se ele precisasse ser castigado por ter nascido com uma "má-formação", o que, acreditavam, traria consequências nefastas a muitas gerações da tribo.

Na minha cultura, quando uma criança morre antes de completar 2 anos, as mãos dela precisam passar por um ritual de limpeza. Os dez dedos são amarrados com uma corda e sobre eles são feitos sinais e cortes não muito profundos. Isso, acredita-se, impede que um espírito que não morreu de fato volte para incomodar a família e a aldeia. É a forma de tirar a força maligna do espírito.

Como nasci com dedos amaldiçoados, logo deduziram que eu era uma dessas crianças que, na última vida, havia negligenciado a tradição. Iria incomodar muito a todos. De certa forma, fiz isso. Os líderes da aldeia não levaram muito tempo debatendo sobre qual deveria ser meu destino. Era certo que eu ia morrer cedo, pois isso estava escrito em minhas mãos. O ideal era evitar que eu trouxesse mau agouro, e, portanto, era preciso antecipar minha morte.

O sangó da aldeia – guardião que tem conexão direta com os espíritos – disse que minha origem era o mar e que algum familiar deveria me largar próximo à água, que eu iria embora sozinho. Mais tarde, vim a saber que minha mãe me pegou no colo e se recusou a me entregar a quem quer que dela se aproximasse, incluindo meu pai. Me defendeu dizendo que tinha me carregado por nove meses, me esperado e amado. Não ia permitir que eu morresse por um capricho da tradição, ia me deixar morrer naturalmente na hora que Deus escolhesse. Enquanto isso, cuidaria de mim.

Durante toda a minha infância, não consegui entender por que todos me ignoravam. Eu era um fantasma, uma assombração. Ninguém falava comigo, ninguém me tocava, ninguém me carregava, a não ser minha mãe. Cresci rejeitado.

Quando chegou a hora de ir para a escola, os padres católicos ofereceram para minha mãe uma vaga para que eu pudesse estudar. Foi quando começaram a reparar na minha presença, ainda que poucas pessoas. Por que eu sou diferente? Por que as outras crianças são amadas e eu, não? Consegue imaginar a escola primária, época em que a criança passa a ter noção do mundo? Era um pesadelo para mim.

Na escola, começávamos o dia orando para a Virgem Maria, a quem eu pedia ajuda. Em casa, meu pai rezava para os antepassados dele. Na minha etnia, quando a pessoa morre, sua cabeça é embalsamada e colocada em altares dentro das casas. Enquanto na escola minha presença era permitida durante os cultos, em minha casa, onde cabeças eram adoradas, ela era proibida. Tudo me era muito confuso, eu não sabia onde encontrar as respostas sobre mim mesmo.

Até que cheguei à escola secundária; alguns colegas se aproximaram e me convidaram para ir a um culto evangélico. Foi um lugar onde pela primeira vez na vida me senti acolhido e quis voltar quantas vezes fosse possível. Meus pais não queriam que eu fosse, não gostavam do que pregavam lá. Tentaram de todas as formas me impedir de ir à igreja, mas eu gostava de Cristo, das coisas de Cristo. Quando viram que eu aproveitava cada saída para ir aos cultos, me obrigaram a vender peixes no mercado, na rua, em todo e qualquer lugar sempre que me viam livre.

Que estratégia vou usar para conseguir ir? Aos domingos, eu pegava os peixes, embalava roupas limpas num saco e as escondia. Chegava no mercado, pedia auxílio a um ou outro, corria para o mato, tirava a roupa fedida e me vestia para ver Cristo. Certo dia, alguém me viu na igreja e me entregou aos meus pais. Pedi a Deus que me protegesse.

Em minha etnia, quando o menino faz 16 anos, precisa provar que é homem. Como isso é feito? Ou ele se casa com uma mulher ou ele tem filhos mesmo sem uma esposa. Comecei a questionar quem eu era. Porque eu sempre me via diferente das outras pessoas, uma diferença que vai muito além de dois dedos que não se dobram.

Os anos foram passando e todos se perguntavam por que meus filhos ainda não tinham nascido. Foi quando começou outro problema. Sempre problemas! Eu escondia de todos o fato de que não me sentia atraído por mulheres. Eu gosto de ficar com homens.

Não me recordo bem se foi meu pai ou algum outro ancião que, incomodado com minha virilidade (ou a falta dela), planejou uma armadilha. Três colegas de escola me chamaram para irmos à casa de alguém. Entramos em um quarto onde já estava uma mulher nos esperando. Aos poucos, um a um, eles foram saindo do quarto até que ficamos apenas eu e ela. A mulher trancou a porta e, se dirigindo a mim, disse que ia dormir comigo. Eu gritei, gritei, gritei com todas as minhas forças. Por sorte, o pai de outro colega estava passando na rua e meus pedidos de socorro o assustaram. Ele não sabia o que estava acontecendo, mas os obrigou a abrir a porta. Foi minha chance de sair correndo como se tivesse acabado de cometer um crime terrível. Naquele mesmo momento, todos começam a gritar:

– Gay, gay, gay!

Agora eles tinham as evidências! Naquela tarde, minha família se reuniu para concluir.

– Ele não é um bom filho, nunca foi um bom menino, está sempre nos causando problemas.

Infelizmente, para eles era preferível que eu morresse do que trouxesse vergonha. Voltei para casa e me tranquei no quarto. Estava me sentindo rejeitado, humilhado. Definitivamente, minha vida não tinha valor. Assim fiquei até que, alguns dias depois, quando me aventurei a ir ao quintal de nossa casa, uma mulher se aproximou de mim e disse:

– Tome cuidado, abra o olho. Eles não vão descansar enquanto não te virem morto.

Fui vítima de todo tipo de maldição e bruxaria. Nos moldes dos antepassados, deixaram sobre minha cama um pênis feito com raízes venenosas, acreditando que eu não iria resistir e acabaria por usá-lo. Os mitos sobre a homossexualidade são tantos, que levam as pessoas a acreditar que não somos seletivos, que a todo momento nosso objetivo é o ato sexual, não importando onde, quando e com quem.

De outra vez, aproveitaram a lua cheia para enterrar drogas na porta de nossa casa, na esperança de que a energia que elas carregavam pudesse me abater. Chegaram até a mandar o homem mais velho da aldeia me abordar, porque quanto mais idade a pessoa tem, mais potente se torna o desejo de vingança do feiticeiro.

A vítima de bruxaria não morre subitamente, sua alma é devorada aos poucos. Mas eu tive fé de que nada daquilo iria me atingir, pois, por mais que possa ser destrutivo, o feitiço contra pessoas que nada cometeram de errado não tem força. O que conseguiram foi apenas me infligir dores musculares e confusão mental. Até que chegou o momento em que passaram a tentar me matar no corpo a corpo. Os que ousaram se aproximar de mim traziam nas mãos todo tipo de arma: faca, facão, machadinha, pedra, pedaço de pau.

Eu não podia confiar em ninguém, nem mesmo em minha mãe. Me perguntava se aquela era uma razão forte o suficiente para que até ela me abandonasse, e hoje desconfio que sim. Minha mãe não encontrou mais forças nem razões para continuar me defendendo. A homossexualidade estava acima de tudo aquilo que ela conseguiria suportar.

Fui ferido no abdome, nos braços e nas pernas. Consegui eu mesmo me tratar. Foi como um aviso de Deus. Eu também tinha meus conhecimentos sobre plantas, que ajudaram a tornar meu corpo mais forte. Se tivesse chegado minha hora, eu entenderia, e, se fosse para eu sobreviver, eu iria seguir em frente. Todos os que tentaram me matar não conseguiram. Eu tinha fé. Eu faria minha parte e Ele faria a dele.

Comecei a ouvir vozes, olhei ao redor e não vi ninguém. Achei que estava louco ou que a magia estava começando a fazer efeito. Uma voz me dizia: "Não durma aqui hoje. Vá embora o quanto antes".

Meu corpo tremia de medo. Quem estava falando comigo? Não via ninguém. Passaram-se algumas horas com a voz insistindo em me ordenar: "Saia de casa, saia de casa".

Em um ímpeto de sobrevivência, uma força maior me empurrou para fora, e corri em direção à floresta que tem em nossa aldeia. Segui sem saber o rumo, o mais rápido que pude. No caminho, encontrei uma bicicleta e a tomei para mim. Eu precisava fugir dali. Pedalei por horas ao som de todo tipo de animal que rondava a escuridão, fiquei à mercê das criaturas da noite, sem proteção, sem perspectiva de paz.

Ainda de madrugada, cheguei em Bafoussam e fui direto para a igreja com a certeza de que ali conseguiria refúgio. O pastor atendeu e me perguntou, surpreso, o que eu fazia ali àquela hora. Eu não sabia, apenas havia escutado algo me dizer que era preciso ir para lá. Ele era um homem de Deus, me convidou a entrar e arrumou um local seguro onde eu pudesse dormir.

Pela manhã, eu quis ajudar para não me tornar um problema para eles também. O pastor me pediu para acompanhar uma irmã na compra de suprimentos para o almoço. Chegando ao mercado, meu telefone começou a tocar. Vi que era meu irmão mais velho. Ele raramente me dava atenção, nunca dirigia a palavra a mim. Pensei em não atender, mas perguntei à irmã o que seria melhor fazer. Ela disse "Atenda".

Ele queria saber onde eu estava.

– Estou em Bafoussam.

– Como assim? Você não está em Bapa?

– Não. Estou em Bafoussam desde ontem à noite.

– Nunca mais volte aqui. Toda a aldeia está te procurando.

– Como assim?

– Vieram à nossa casa ontem à noite para te matar. Chegaram a forçar a entrada, achavam que mamãe estava te escondendo aqui dentro.

Fiquei assustado e confuso. Sem perceber, deixei o telefone cair. Nem sequer finalizei a ligação. Comecei a chorar compulsivamente dentro do mercado. Quando alguém chora em público, todos chegam perto e perguntam quem morreu, mesmo não conhecendo você.

– Ninguém morreu!

Ao contrário. Louvei muito a Deus. Deus estava me dando outra oportunidade de vida, uma nova vida que poderia ser construída. Ao retornar para a igreja, eu me sentei e concluí que na minha aldeia não voltaria nunca mais, com minha família eu não queria me encontrar, nem meus pais eu voltaria a ver. Em lugar nenhum, ali, eu era bem-vindo.

Peguei o Novo Testamento e comecei a ler a história de Jesus. Foi quando prometi creditar e dedicar minha vida a Ele. Quando vi que Jesus recebe todo mundo e vê todos como iguais, eu jurei que perdoaria minha família e aqueles que tentaram me prejudicar. Essa tem sido a promessa que luto para cumprir a cada dia.

Achei que de alguma forma eu poderia trazer perigo para aquela pequena igreja que me acolheu. As pessoas da minha aldeia agora sabiam onde eu estava e poderiam ir atrás de mim. Vida nova pede um novo lugar, um novo lar. O pastor me sugeriu atravessar a

Nigéria e ficar um tempo na República de Benin, onde a Church of Christ tem uma escola para evangelizadores. Achei uma boa ideia: afinal, lá ninguém me conhecia, ninguém sabia de minha história, de tudo o que me causava problemas. O pastor me deu roupas, algum dinheiro e muita esperança.

Fiquei lá de 2001 a 2004, quando tirei meu diploma de evangelista. Fui o melhor aluno da turma, me dediquei de corpo e alma à carreira que a vida e Cristo escolheram para mim. Me senti acolhido por um dos professores, Bob Grigg, um estadunidense que seguia os exemplos do Jesus. Ele foi como um pai para mim.

Finalizado o curso, eu precisava tomar rumo. Meu visto de permanência em Benin estava chegando ao fim e era necessário arrumar trabalho. Acabei voltando para Camarões, pois não encontrava nenhuma igreja onde pudesse me encaixar. Percebi que novamente ninguém me queria por perto, a começar pelo diretor da escola de Benin, onde eu tinha me formado com louvor.

Em Camarões eu não tinha onde ficar, mas acabei arrumando emprego de faxineiro em um hotel. Trabalhava de dia e dormia nas ruas. Foram três meses assim, e o patrão nunca me pagou. Eu e os outros funcionários nos alimentávamos dos restos dos pratos dos hóspedes, por isso continuávamos trabalhando lá. Como não morri, vi que Deus tinha outros planos para mim. Assim fui vivendo entre um trabalho e outro, nas ruas ou, às vezes, em um pequeno quarto alugado e dividido com outras pessoas na mesma situação.

Em 2008, recebi um e-mail do professor Bob Grigg. Foi uma alegria ter notícias dele. Me contou que estava aposentado e havia retornado para os Estados Unidos. Perguntou como eu estava e se havia recebido o dinheiro que ele tinha deixado para mim com o diretor da escola. Até aquele momento, eu não tinha recebido nada, nem mesmo notícias das pessoas que conheci na escola bíblica. Poucos dias depois, fui comunicado sobre a morte de Bob Grigg.

O diretor me convidou para voltar a Benin e custeou parte de minha viagem, e acreditei que receberia o dinheiro assim que chegasse. Mas o que me levou até lá foi uma vaga de evangelizador que estava sendo custeada por estadunidenses, por recomendação de Bob Grigg, e que seria para mim. Pelo trabalho, eu recebia cem dólares americanos mensalmente, o suficiente para viver com simplicidade e muita bênção.

Certo dia, criei coragem e mostrei ao diretor da escola a mensagem que Bob Grigg havia me passado e perguntei sobre o dinheiro.

— É com ele que estamos pagando as aulas que você está dando.

Entendi, mas achei estranho. Eu sabia que não era verdade, mas, por gratidão a Bob Grigg, deveria prosseguir. Durante três anos, fiquei lá como professor. Me dedicava a dar aulas e, quando não estava em sala, tive que aprender a lidar com a perseguição por parte do diretor, que não aceitava o fato de eu ser capaz de ensinar filosofia bíblica e, ao mesmo tempo, ser gay.

No ambiente da igreja, nunca me relacionei afetivamente com ninguém. Ao longo da vida, aprendi a perceber com quem eu poderia me meter, pois o risco sempre foi muito grande, principalmente na África. Sempre me lembrava do conselho que recebi, anos antes, da mulher que me mandou abrir o olho, porque existem pessoas que não descansarão enquanto não me virem derrotado. Aquela igreja não me cabia mais, havia deixado de ser um lugar seguro.

Em um de meus estudos, soube que, em Madagascar, gêmeos estavam sendo sacrificados; e na Tanzânia, albinos. Sei muito bem o que é nascer amaldiçoado e como os nativos levam a sério essas superstições. Imagino que muitos bebês não experimentam a sorte de ter uma mãe com coragem e condições de enfrentar os líderes das aldeias em defesa de seus filhos, isso quando não são elas mesmas que dão fim a eles.

As lembranças de perseguições aos albinos que eu trazia na memória, principalmente por parte dos bruxos à procura de peças para seus rituais malignos, também não saíam da minha cabeça. Eles são cortados e seus ossos, usados para diferentes tipos de magia. Muita gente acredita que quem consegue a cabeça de um albino, por exemplo, ganha muito dinheiro. A pessoa enriquece sem esforço. Outros acham que os albinos receberam uma dose extra de bênção e que quem come a carne de um deles pega a bênção para si.

Os gêmeos também, por terem sido mais agraciados por Deus que os demais, são vítimas disputadas pela ignorância humana. Cidadãos de muitos países africanos maltratam e matam essas graças.

Meu erro foi ter comentado com os alunos sobre o desejo de fazer alguma coisa como missionário contra essas barbaridades. Ao saber de meus planos, o diretor da escola parou de pagar meu salário. Disse que estavam passando por dificuldades e precisavam cortar gastos. Porém, todos os outros professores continuaram recebendo.

Assim fiquei por alguns meses, até que dois alunos, nascidos em Chade, saíram em minha defesa. Me chamaram em um canto e prometeram ajudar, só me pediram para não contar para ninguém, porque temiam retaliações. Eles me deram 400 dólares americanos, e inteirei a passagem com o que eu tinha economizado todos aqueles anos.

Em 2011, desci em Antananarivo, capital de Madagascar, apenas com a passagem de ida. Me dirigi a uma ONG que resgata gêmeos e passei a trabalhar como voluntário, além de dar aulas de inglês e francês. Foi onde conheci Jean-Christophe, francês com doutorado em química, que também tinha optado por dedicar sua vida a ajudar pessoas. Porém, quando o conheci, ele estava deprimido e doente. Havia contraído HIV, bebia e fumava muito. Dava pouco valor à vida porque sentia a morte muito perto. Em um primeiro momento, desacreditou minha fé dizendo conhecer muito bem o tipo de gente que ficava fazendo orações.

Eu era um exemplo de alguém que supostamente não deveria estar vivo. Provei a ele que pessoas que a sociedade rejeita, Deus pega no colo. Assim, aos poucos consegui devolver-lhe a esperança de vida. Ele chegou a melhorar bastante, e acreditávamos que estava curado, pois todos os exames apontavam para isso. Ele nunca adotou Cristo, mas passou a acreditar no poder da oração.

Como forma de gratidão, passou a usar todo o dinheiro que costumava gastar com fumo e bebida para custear minhas viagens. Sempre gostei de conhecer lugares, culturas, pessoas. Fui para Tanzânia, Ilha de Comores, Ilhas Maurice e Chade. Eu estava em Moçambique quando ele morreu, em 2020. Certa vez, me disse que não resistiria ao que eu suportava como missionário, sendo que foi ele, não a igreja, que tornou possível que eu levasse a palavra de Deus a outras pessoas e outros lugares. De certa forma, o que ele me proporcionou foi uma missão, sua forma de resistir e suportar os desafios.

Perdido, decidi voltar a Camarões. Quando entrei no país, a polícia pegou meu celular e viu fotos íntimas minhas com Jean-Christophe. Me prenderam, pegaram meu passaporte e todas as minhas coisas. Disseram que eu havia violado as leis do país e me encaminharam para uma sala no aeroporto.

"Sabe o que vai acontecer com você?", me perguntaram. Claro que eu sabia. Estava sendo vítima da intolerância, do preconceito, de julgamentos injustos. Sabia qual seria meu fim. Se, fora das prisões, tanto os homens gays quanto as mulheres lésbicas sofrem estupros coletivos, imagine o que acontece lá dentro. Sexo forçado é um tipo de castigo para os homossexuais. Quem abusa sente prazer sexual, até geme. Se eles sentem prazer quando estão abusando, por que não temos o direito de sentir prazer movidos pelo amor?

Implorei de joelhos, porque eu queria viver.

– Você sabe o que fazem com pessoas como você na cadeia?

– Por favor, não deixe que me matem.

Pedi a Cristo que me ajudasse. Chamei o policial de Deus, pois ele tinha o poder sobre minha vida e sobre minha morte. Ele era Deus naquele momento.

– Te dou 200 dólares para você me deixar ir embora.

– É muito pouco.

– Mas eu sou missionário, não sou rico, não possuo bens.

Quinhentos dólares foi o valor da minha liberdade naquele dia. Recebi de volta o passaporte, mas não pude entrar no país onde nasci. Fui para a Tanzânia. Sei que aquele incidente ficou registrado na polícia, e passei a ter medo de transitar livremente pelos outros países do continente africano. Comecei a pedir asilo por onde passava. Todos os meus pedidos foram negados. Fui pulando de país em país. Aqui e ali, dormi em bancos de igrejas. O que eu carregava ficou em uma mala que até hoje está escondida em uma prateleira numa igreja em Chade e em uma casa em Moçambique. Hoje, o que tenho está nesta mochila, que carrego aonde vou.

Do Jean-Christophe guardo apenas uma nota de 100 dólares, a única coisa física que me restou dele. Não me desfaço dela por nada, nem pela fome. As fotos, não tenho mais. Apaguei todas depois da abordagem abusiva que sofri no aeroporto. Mais um grande golpe para mim. Todos os dias me esforço para me lembrar de cada um dos detalhes do rosto dele, do corpo, do cabelo, dos olhos, das expressões.

Ao procurar as Nações Unidas, me informaram que eu poderia vir para o Malawi e pedir *status* de refugiado. Aqui estou vivendo um inferno a cada dia. A igreja de Cristo não me quer, mas eu sei quem eu sou e qual é o meu valor. Alguém como eu, que cresceu sem amor... o que mais pode me acontecer de pior? Nada.

Emmanuel

Não me recordo muito bem, mas, quando nasci, acho que minha mãe morava junto com minha tia. Elas chegaram aqui em Dzaleka depois de fugirem de Ruanda. Eu sou o décimo primeiro filho dela, mas éramos apenas sete irmãos àquela altura. Meu pai morreu em Ruanda. Minha tia me contou que ele trabalhava muito. Tomava conta da machamba de uma família de hutus. Nós somos tutsis. Ele caminhava longe, uma hora para ir e outra para voltar. Às vezes levava um saco de verdura para casa. Se conseguia muitas, distribuía para os vizinhos, desde que também fossem tutsis.

Meu pai estava na machamba quando foi morto pelos donos das terras. Dizem que implorou para que ninguém fizesse mal à minha mãe e aos meus irmãos. Essas são todas as informações que tenho dele. É como se minha história familiar não tivesse um passado, como se começasse aqui no campo de refugiados; como se minha família tivesse nascido do nada, de repente. Ninguém aqui fala do antes de Dzaleka. A vida da minha mãe é em função de sobreviver, um dia de cada vez, o que passou se foi, o que virá ainda virá, a Deus pertence.

Sei que ela descobriu que estava grávida de mim quando atravessava a fronteira da Tanzânia com o Malawi. Nessa caminhada, perdeu quatro de meus irmãos, todos por causa de doença. Eu nasci em Dzaleka, assim como meus quatro irmãos mais novos. Minha mãe se casou novamente logo depois que chegou aqui.

Nós, que nascemos no campo, não temos nacionalidade, só etnia, uma etnia que nos condena. Pode parecer estranho, mas sinto falta de uma pátria que nunca tive. Gostaria de ter nascido em Ruanda, como meus ancestrais. Vejo as pessoas falarem com orgulho de sua origem. Como me orgulhar de ter nascido no Malawi se aqui não sou reconhecido como cidadão? Para pessoas como eu, o campo foi o início e será o fim da linha. Eu sei que nunca vou sair daqui. O mais longe que consegui ir até hoje foi Lilongwe, escondido e espremido dentro de uma chapa,[10] morrendo de medo de ser descoberto pelos policiais da migração. O mundo aqui dentro é cruel, e sei que lá fora é muito pior.

Nunca tive acesso à escola e são raras as vezes que me vi diante de um médico. As doenças são tratadas pelas mães. Eu tenho essa marca aqui no joelho, de quando caí. Dava para ver o osso. Foi profundo. Morávamos numa ruela aqui no campo que, quando chovia, abria uma vala enorme. Meu irmão desceu correndo, gritando feito louco, comigo no colo, e me colocou na porta de casa. Minha mãe encheu um pedaço de pano com ervas e amarrou. Em seis meses estava bom.

A primeira vez que vi a morte de perto foi aos 3 anos. Perdi meu irmão, que tinha 10. Ele teve um problema no coração. Lembro que, quando a gente saía, precisávamos parar toda hora para que ele pudesse descansar. A morte dele é a lembrança mais forte que tenho da minha infância. O corpo estava em cima de uma tábua alta no quarto onde dormíamos. Eu fiquei correndo pra lá e pra cá, nunca tinha visto tanta gente na nossa casa. No canto, minha mãe, chorando muito; acho que estava cansada de enterrar filhos.

---

[10] Vans que fazem o transporte coletivo entre as aldeias e cidades. É comum aceitarem um número de passageiros e de bagagens maior que sua capacidade de lotação.

Minha percepção da morte era diferente quando eu era criança. Eu não tinha essa ideia de perda. Não pensava assim: "Meu irmão faleceu, esse corpo é dele", mesmo porque eu achava que ele estava dormindo ou não queria brincar. Ninguém para me explicar o que estava acontecendo. Isso durante três dias, tempo em que me levaram para dormir cada noite na casa de um desconhecido.

Minha mãe tomava conta da gente, mesmo se ocupando de ter um filho atrás do outro. Meu irmão mais velho bebia muito, o outro adorava fazer apostas. Perdia todas. Aqui em casa todo mundo aprendeu a assinar o nome e a fazer conta, o suficiente para trabalhar e sobreviver. Ninguém foi à escola. É difícil estudar quando não se tem dinheiro.

Eu trabalho desde pequeno. Comecei olhando os filhos dos outros, da vizinha, para ela poder ir trabalhar. Eu recebia alguma coisa para comer ou a promessa de uma moeda. Quando minha mãe e outras *mamas* conseguiam trabalho descascando amendoim, eu ia também. A senhora que comandava todas elas falava que tinha um bicho dentro do amendoim que ia picar a língua da gente e nos matar. Como não entendíamos bem o que era morte, chupávamos os grãos que caíam no chão. Não morremos.

Eu nunca fui de briga. Meu irmão mais velho fazia os meninos brigarem. Coisa do tipo "quem é mais homem cospe aqui". Eu não entrava na provocação, sempre fui mais calmo, tinha medo de apanhar. Eu era muito magro, não batia em ninguém, mas também não apanhava.

Quando fiz 12 anos, comecei a trabalhar em uma machamba com hora para entrar e sair. No primeiro dia, me mandaram arrancar as pragas de uma parte do terreno. Acabei arrancando a plantação quase toda. Ninguém me explicou o serviço. Acabou que não quiseram mais me contratar. Um tempo depois, consegui arrumar trabalho em uma lojinha de comida aqui no campo. Imagina aquele tanto de bala. O que eu ia fazer? Chupar bala. Um dia, levei um saco plástico que encontrei pelo caminho, enchi de bala e coloquei debaixo do balcão. A dona da loja me explicou que eu não podia fazer aquilo e me dispensou.

Com 14 anos, me apaixonei por uma mulher. Foi meu primeiro amor. Ela era seis anos mais velha que eu e estava noiva. Ainda assim a beijei uma vez; a gente chegou a ficar junto uns dias, até que percebi que gostava mais dela quando não podia tocá-la. Aliás, o toque sempre foi um problema em minha vida. Momentos de carinho nunca existiram. Até hoje não consigo abraçar minha mãe. Sinto falta, lógico, mas nossa relação não foi construída desse jeito. A vida não nos dá tempo para isso.

Certa vez, um sobrinho da minha mãe chegou no campo e pediu para dormir com a gente. Não queria ir para a área de trânsito. Eu dividia uma esteira com três de meus irmãos, cada um com os pés na cabeça do outro. O sobrinho dormia em uma esteira atravessada, perto da nossa. No meio da noite, ele esticou o braço e, com a mão, ficou mexendo no meu pênis. Eu percebi algo me incomodando, virei de costas e ele acariciou minha bunda. Senti como se alguém estivesse me fazendo cócegas, mas gostei. Inclusive, esse meu primo foi assassinado anos depois. Encontraram ele numa casa do outro lado do campo com um pedaço de pau enfiado no rabo.

Minha mãe é muito religiosa. Reza demais. Quando éramos crianças, ela fazia a gente rezar junto toda noite. Eu dormia antes de acabar. Sempre que eu acordava e me levantava, ela perguntava:

– Já rezou?

Mas as orações da minha mãe eram muito em função de conseguir as coisas.

– Se você rezar, você alcançará; quanto mais pedir rezando, mais vai conseguir.

Quando eu era adolescente, sempre que me masturbava, morria de arrependimento, rezava, pedia perdão. Minha primeira relação sexual foi com uma mulher. Eu tinha 16 anos. Eu e meus amigos conseguimos dinheiro trabalhando na colheita do milho e fomos até uma prostituta. Me lembro do nome da mulher até hoje. Ela tinha peitos enormes. O sexo foi rápido, ela já recebia a gente abrindo as pernas. Não teve nada de surpreendente. Foi mecânico e automático, tudo para contar para os amigos que eu não era mais virgem e provar que não era *zutiu*.

O primeiro homem com quem fiquei foi o Ernest. Éramos amigos há muito tempo. Eu sabia que ele era gay, mas não sabia que eu também era, não tinha consciência. Um dia, ele me perguntou:
— Posso te pedir uma coisa?
— Pode. O quê?
— Um beijo.
Quando ele veio me beijar, me virei um pouco para que pegasse no rosto.
— Beijo na boca.
— Não, na boca não pode; é pecado.
— Não é, não.
Fomos para trás da casa dele. Nós dois tínhamos 18 anos. Eu saí de lá com a cabeça a mil. Deus, o que fiz? Fui rezando até chegar em casa. E a coisa ficou assim, sigilosa, porém foi como se um novo mundo se abrisse para mim, uma nova possibilidade de vida. Foi o Ernest também quem me iniciou nas drogas. Começamos com maconha e hoje usamos ervas locais ou seivas de determinadas árvores que, depois de tratadas, dão uma sensação mágica quando ingeridas.

Quando conseguimos produzir mais do que consumimos, vendemos. Em Dzaleka, poucos jovens têm dinheiro para gastar com drogas. Quem é viciado de fato acaba se embrenhando no mato à procura de algo com efeito narcótico ou fica nas mãos dos traficantes. Todo mundo aqui tem conhecimento sobre ervas e extratos vegetais. Ninguém se incomoda muito com quem usa droga, desde que a gente não crie problemas.

Sou vítima de muito preconceito por ser gay, mesmo sendo muito discreto. Quem tem amigos gays é considerado um deles. Muitos gostam de ser chamados por nome de mulher. Eu sempre fui Emmanuel. Já minha primeira relação com um homem foi com o Byambe; éramos amigos. Ele tinha experiência sexual. Eu não fui o primeiro homem dele; na verdade, ele fez tudo. Mas era como se eu fosse o homem e ele, a mulher.

Nunca ando de mãos dadas com outro homem na rua. Sempre tive esse cuidado, não quero encrenca. Se me encontro com um homem em quem eu esteja interessado, o máximo que faço é abraçá-lo como se fôssemos grandes amigos. Se o tiver visto no dia anterior, por exemplo, a gente dá um aperto de mão. O resto, deixamos para fazer entre quatro paredes.

A maioria das famílias aqui do campo prefere ter um filho morto a ter um filho homossexual, por isso muitos gays morrem negando seu desejo. Eu tinha um amigo que, quando mais novo, tinha tanto a voz como a cintura fina. Ele contou que agora está feliz porque se encontrou:

— Sou evangélico; não sou gay.

Tenho certeza de que ele está infeliz.

Antes de vir me encontrar com você, tive a seguinte conversa com minha mãe:

— Isso que você faz com os homens não condiz com a palavra de Deus. Deus não fez você para isso. Você não é isso que o diabo está falando que você é.

— Mas eu sou assim, eu quero ser assim.

— Você não é assim, você não quer ser assim. Isso o diabo está colocando na sua mente; o diabo está te enganando, está mentindo, está falsificando uma situação para você acreditar que é assim. Jesus te ama, Jesus te ama, Jesus te ama.

— Ele não me ama sendo gay? Eu vou ser menos homem por causa disso?

— Não tem nada a ver com ser homem ou ser mulher. Essa coisa de que você nasceu assim, isso eu não aceito, eu não concordo, eu não determino isso para você. A palavra de Deus não determina isso para ninguém na face da Terra. Vou fazer uma oração para você.

Eu não quero a oração da minha mãe, não para isso.

9
BURUNDI

Assim como Ruanda, Burundi – pequeno país localizado na África Central – foi entregue à administração alemã após a partilha do continente africano pela Conferência de Berlim, em 1885, e após a Primeira Grande Guerra contra a administração belga. No Burundi, os hutus também eram maioria e foram subjugados pelos colonizadores, que davam mais valor à minoria tutsi.

Em 1962, o país tornou-se independente e sua administração ficou a cargo de monarcas hutus, o que intensificou os conflitos étnicos. Os tutsis tentaram tomar o poder em 1965 e foram massacrados. Um golpe de Estado no ano seguinte derrubou a monarquia, levando o então primeiro-ministro Michel Micombero à presidência da República.

Sucederam-se vários golpes de Estado, sendo que rebeliões entre 1972 e 1988 levaram à morte milhares de pessoas no país. O exército dominado pelos tutsis foi responsável por assassinatos em massa de hutus, que, por sua vez, promoveram o massacre dos tutsis em 1993. Iniciou-se uma guerra civil a partir do fuzilamento do primeiro presidente eleito democraticamente, o oposicionista hutu Melchior Ndadaye, que ficou no cargo durante quatro meses.

Em fevereiro de 1994, o hutu Cyprien Ntaryamira, considerado moderado, foi escolhido para a presidência e empossado. Dois meses depois, Ntaryamira, juntamente com o presidente de Ruanda, Juvénal Habyarimana, foram vítimas do atentado que derrubou o avião no qual viajavam.

Em setembro de 1994, foi formado um governo de transição chefiado por hutus. Em 1998, começaram as negociações para um processo de pacificação no Burundi. Estima-se que nesse período tenham morrido mais de 200 mil pessoas, e um milhão se refugiou principalmente em Ruanda, na Tanzânia e na República Democrática do Congo.

Fabrice

Shanela e Fabrice se casaram quando ela tinha 14 anos e ele, 19. Ela tutsi, ele hutu. A família dela aceitou, a dele não foi consultada. Fabrice havia se mudado para tentar melhorar de vida e manteve muito pouco contato com os pais. Tinham ideias diferentes e estavam sempre em atrito.

Como lobolo, *Fabrice deu duas vacas novas à mãe de Shanela, que estava viúva havia muito tempo. Aqueles dois animais foram recebidos como a salvação da família. Em pouco tempo poderiam parir e fornecer leite. Quando velhas, seriam comidas, ou, antes disso, dependendo da necessidade, vendê-las seria uma opção melhor que catar coisas na rua.*

Chegou o dia em que ficaram sabendo que eu havia me casado. Isso porque meu pai havia me prometido para outra família; eu me casaria com a filha mais velha deles. Por isso, foram atrás de mim. Na época, meus três filhos já haviam nascido e, trabalhando duro, conseguimos comprar uma machamba pequena, o suficiente para termos comida em casa. Planejávamos colocar as crianças na escola um dia para que elas pudessem ter uma vida melhor que aquela de sol a sol, na enxada.

Só não tivemos mais filhos porque meus irmãos a mataram antes, com a ajuda de uns primos. No dia em que nos pegaram, nos trancaram no quarto onde dormíamos com as crianças e a estupraram não sei quantas vezes na cama que nós dois dividimos naqueles anos todos.

Nem sequer se limpavam entre a saída de um e a entrada de outro. Nem sequer tiraram as roupas ensanguentadas. Me fizeram assistir tudo. Disseram que queriam descobrir que gosto tinha uma tutsi e que queriam que eu visse o valor de uma mulher daquelas. Eu gostava dela, era uma boa mulher e uma boa mãe. Para mim, isso era o suficiente. No final do dia, a degolaram e me fizeram carregar o corpo e limpar o quarto. Mas não pude enterrá-la. Sepultamento é algo que se tem que merecer, não é para qualquer um, me disseram. Fiquei calado o tempo todo, não havia como lutar contra todos eles.

Chegaram batendo na nossa porta dizendo que nosso pai, muito doente, desejava reunir todos os filhos para se despedir. Estranhei, porque ele nunca se interessou muito por ninguém. Desconfiava que eu não era seu filho porque, quando minha mãe ficou grávida de mim, ele preferia procurar outras mulheres que não ela.

Foi Shanela quem abriu a porta e logo recebeu os primeiros golpes. A sorte foi que as crianças estavam fora. Tinham ido com uma vizinha buscar biscoitos na igreja. Nós não gostávamos de frequentar os cultos, mas não impedíamos a vizinha, que não tinha filhos, de levá-los consigo. Era o momento que Shanela aproveitava para deixar as costas livres e descansar.

Amarraram um tecido grosso nos meus olhos para que eu não visse para onde estavam me levando. Fomos de carro para o meio de uma machamba que eu desconhecia. Lá estava meu pai, com muita saúde. Ficou decepcionado por eu ter preferido me misturar a uma *inyenzi* a me unir a uma nobre mulher hutu.

– Você nos envergonha, envergonha nossa família. Vou te soltar porque sua mãe implorou por sua vida. Mas você deve ir embora o quanto antes para bem longe daqui. Se te encontrarmos novamente, não te daremos outra chance.

Antes de permitir que eu começasse a correr, me fez assinar um documento passando para o nome de meu irmão mais velho o que me pertencia, a pequena machamba e o que havia nela. Eu não tive saída senão abrir mão de todo o nosso esforço, toda a nossa história, todos os nossos sonhos para o futuro.

A todo momento, tínhamos conhecimento de famílias hutu que perseguiam seus membros que se uniram a um tutsi. Essa era uma ordem superior, uma ordem que estava acima de tudo aquilo que acreditávamos ser bom. Mais tarde, fiquei sabendo que meu pai era um interahamwe.

Corri muito, até que cheguei a um ponto que reconheci como sendo o lugar onde há algum tempo eu havia levado uns sacos de milho para triturar. Pedi socorro, expliquei o que tinha me acontecido. Era uma família tutsi que conhecia minha esposa. Pediram que eu me escondesse na mata que eles iriam atrás de notícias de meus filhos. Assim fiquei por dias, não sei ao certo quantos, com aqueles pensamentos. Perdi a contagem do sol e da lua. Sem notícias, sem água, sem comida. As únicas coisas que eu tinha eram muita fome, sede e medo.

A dor da alma me corroeu tanto que não consegui chorar, não consegui gritar, só ouvia a voz da mata, a voz da estrada que passava em algum lugar ali perto, a voz do estômago, a voz da mente que insistia em não se calar e me lembrar que eu não valia nada porque não tinha voz.

Quando a dor é tanta, ela incorpora, passa a ser parte do corpo. Uma dor da imaginação é capaz de machucar mais que a lança que provocou a ferida. Essa é a dor da violência, ela nunca se esvai por completo. Ela purga. Nunca mais vi meus filhos, nunca mais soube deles nem da família que partiu à sua procura. Um homem me recolheu desacordado na mata e me levou para o hospital. Dizem que lá fiquei por meses, delirando, chamando pessoas que ninguém conhecia.

Como eu era hutu, não fui hostilizado, até que melhorei, recebi alta e ameaças. De alguma forma, meu pai ficou sabendo que eu ainda estava em Ruanda e mandou um comparsa dizer que já tinha passado da hora de eu ir embora. Mas não foi isso que me fez partir para o refúgio.

Enquanto eu estava no hospital, a polícia veio atrás de mim questionando o que havia me acontecido, por quem eu fui atacado. Como tudo já estava perdido, perdi também a vontade de viver, junto com o medo de ser morto. Contei parte da verdade, entreguei meus irmãos e primos, mas não sei por que razão não tive coragem de citar o nome de meu pai. Acho que foi por vergonha.

Meus irmãos e primos foram presos, mas pouco tempo depois estavam soltos à minha procura. A impunidade é generalizada e, mesmo depois de assinar acordos de paz, o governo continua acobertando e encorajando as ações de extremistas como forma de desestabilizar seus adversários.

De Rubavu, caminhei até o campo de refugiados de Mugunga, perto de Goma, no Congo, para onde estavam fugindo outros hutus. Mas logo precisei partir novamente, pois algumas divisões do exército congolês estavam colocando refugiados à força em caminhões e os entregando às autoridades ruandesas. Além disso, os militares, se aproveitando do pânico das famílias, saqueavam sem nenhum escrúpulo. Eu sabia que, se ousasse retornar a Ruanda, seria morto. Fui embora do campo e me juntei aos hutus que vivem nas áreas rurais, mas apenas mudei de zona em conflito.

Além das guerras entre as etnias, havia também os maï-maï, que não tinham lado certo para se posicionar; ora atacavam hutus, ora tutsis e outras etnias. A todo momento, chegavam notícias de pessoas e famílias inteiras que estavam sendo queimadas vivas junto de suas casas, outras mortas a golpes de facão.

Fugi para Birambizu e, em poucos dias, senti de perto a ameaça de ser atacado novamente. Por isso decidi seguir para mais longe. Tinha a opção de ir para Uganda, mas preferi vir para Dzaleka, pois, além de ser bem mais distante de onde nasci, eu soube que aqui, apesar de todas as dificuldades, havia espaço para nossos corpos repousarem, mesmo que nas ruas, e nossas mentes se ocuparem de outros problemas.

Como minhas caminhadas aconteciam à noite, me acostumei a ficar acordado junto com a lua, a trocar o dia pela noite, a decifrar os sons da falta de luz. Hoje me assustam mais os sons do dia, o quebrar de um galho, até o canto de um pássaro. Sempre acho que alguém está se aproximando e vai me surpreender. Não há orgulho em fugir, em ter conseguido chegar aqui, no trajeto da fuga; não há orgulho em nada do que passei.

Muitos refugiados sonham conseguir asilo nos Estados Unidos, no Canadá, na Inglaterra ou na Alemanha. Os que conseguem se sentem a caminho do céu, de uma nova vida. Têm a ilusão de que serão felizes longe da África e de sua história, que se sentirão em casa, que outro continente será sua pátria. Uma vez refugiados, estaremos sempre em posição de fuga. Nada nos acolhe, nenhum lugar substitui nosso lar. O dia que aprendi isso, me aquietei. Minha pátria é minha mente. É ela que me posiciona onde quero. O difícil é encontrar satisfação no lugar que me cabe ocupar, principalmente quando o mundo só tem dificuldades a me oferecer.

Nunca mais me casei nem tive outra mulher. Se tive outros filhos, não sei. Uso prostitutas quando tenho dinheiro e desejo. Não sei até quando ficarei aqui, a que momento deixarei de me sentir ameaçado, se morrerei de fome ou de abandono. Não quero deixar rastros, não quero espalhar meu sangue nem o de ninguém. Prefiro parar por aqui.

Jolie

Fui criada pela minha mãe. Meu pai, não conheci, morreu quando minha mãe estava grávida de mim. Fomos expulsos da casa que meu pai tinha construído em Gitega, no Burundi. Não queriam que minha mãe continuasse a fazer parte da família, nem quiseram me conhecer. Fomos para a casa dos pais dela, meus avós. Três anos depois, chegou o tempo de eles morrerem. Passados alguns meses, minha mãe também adoeceu e morreu. Era 1993 quando estourou a guerra entre os tutsis e os hutus. Não dava mais para continuar morando em Gitega, e decidi partir sozinha para a Tanzânia. Eu tinha 17 anos.

No caminho, me envolvi com Didier, um homem quatro anos mais velho que eu, que também estava fugindo. Nos casamos um ano depois. Ele nasceu em Nyanza Lac e era procurado pelas Forças para a Defesa da Democracia (CNDD-FDD),[11] um grupo de rebeldes hutus que perseguia os tutsis.

Entraram na escola onde ele estudava e recrutaram os meninos à força. Junto com os colegas, ele foi preso e arrastado até a selva. A família não pôde fazer nada, nem sequer reclamar. Nossos homens eram recrutados pelo exército ou pelos rebeldes. Não importava o lado, quem te levava era quem chegava primeiro. Semanas depois, ele e um amigo conseguiram fugir quando estavam transportando umas caixas de munição entre um acampamento e outro. Dessa forma, aos 15 anos ele começou sua fuga eterna. Nunca mais teve sossego, nunca mais pôde fincar os pés em algum lugar.

Nossa vida era andar e fazer filhos; a primeira, que agora tem 23 anos, nasceu no Burundi. Em cada campo pelo qual passamos, ficamos por uns meses; as dificuldades em arrumar trabalho, comida e casa nos faziam nos mover. Atravessamos pântanos, até que conseguimos chegar em um campo às margens do rio Moyowosi, na região de Kigoma, na Tanzânia. A caminhada foi muito difícil, principalmente porque, além de carregar nossa filha, eu estava sofrendo minha segunda gravidez.

Os gêmeos nasceram em Moyowosi, nos trazendo outro problema. Tínhamos sempre que deixar um deles escondido, porque sabíamos que algumas etnias sequestram gêmeos, principalmente os idênticos. Se os pegassem, os transformariam em oferendas para todo tipo de magia e feitiço. O medo de perdê-los fazia com que andássemos sempre separados; meu marido ia para um lado com um dos meninos e eu ia para o lado oposto.

Logo nos mudamos para o campo de Mtendeli e, depois, para o de Nduta. Ambos serviam de trânsito específico para os burundianos. Em todos eles, podíamos ficar por pouco tempo. A gente foi praticamente colocado para fora para que outros refugiados pudessem entrar.

---

[11] Para saber mais, acesse: https://bit.ly/4bT8emK.

Em 2005, decidimos voltar para o Burundi. Tínhamos seis filhos, e ficamos sabendo que o governo estava estimulando os refugiados a retornarem para suas casas prometendo um novo país. Tínhamos a ilusão de que os conflitos haviam acabado. Foi só ilusão mesmo. Bastou ficarem sabendo que meu marido estava de volta para recebermos ameaças. As perseguições individuais nunca vão acabar, porque muita gente tem medo de ser denunciada pelos crimes cometidos no passado.

Precisamos refazer nosso trajeto até a Tanzânia, dessa vez até o campo de Nyarugusu. O último campo pelo qual passamos antes de cruzar a fronteira com o Malawi foi o Karago. De Burundi até aqui levamos três meses caminhando junto com nossos filhos. Quando a gente chegava em um lugar, descansávamos um pouco, meu marido fazia um biscate e seguíamos em frente. Encontramos pelo caminho pessoas de bom coração que nos ajudaram.

Enfrentamos muitos problemas no caminho. Certo dia, estávamos dormindo em um acampamento improvisado junto com outros burundianos que também queriam chegar em Dzaleka. Às 2 horas da madrugada, ouvimos tiros e gritos. Todo mundo saiu correndo. Ficamos separados no meio da noite, no meio do nada, no escuro.

Era uma operação militar conjunta entre os governos do Malawi e da Tanzânia que pretendia fazer o controle da migração. Prenderam todo mundo; nos jogaram em uma cadeia improvisada, começaram a nos pressionar e a perguntar o que estávamos fazendo ali, ameaçando devolver todos para o Burundi. Imploramos para que nos deixassem ir, a maioria de nós era mulheres e crianças. Nos subornaram, levaram o pouco que um ou outro tinha e nos deixaram ir para Karonga para depois seguirmos até aqui.

Dzaleka é nosso sexto campo de refugiados. Tenho 46 anos agora. Estamos aqui desde 2013. Já tivemos uma casa que caiu durante uma chuva que inundou o campo. Não conseguimos reerguer a casa, porque tomaram posse de nosso terreno falando que ele nunca foi nosso. Aqui os fracos não discutem com os fortes; se os enfrentamos, morremos. Hoje moramos com nossos nove filhos na área de trânsito. É como se estivéssemos sempre recomeçando. Nosso ponto de partida é sempre o medo.

Felly

Conheci Felly no lugar onde ele trabalha como segurança durante a noite. Um amigo me contou que atrás daquele homem alto e magro havia um grande jogador de tênis. Ele largou o serviço às 10 da manhã; foi quando nos encontramos e caminhamos até sua casa, entre curvas e becos, erosões e buracos na terra remexida para tirar o barro, que é transformado em tijolos.

Em pouco tempo de conversa, percebi que Felly estava fazendo questão de me mostrar onde e como morava com a esposa e os dois filhos pequenos. Um casebre de dois cômodos, sem banheiro. Aliás, são raras as casas em Dzaleka que têm latrina, normalmente um compartimento externo com espaço suficiente para caber apenas o vaso sanitário rente ao chão. Há banheiros de uso comunitário espalhados pelo campo, cuja limpeza fica a cargo dos usuários. Normalmente, o banho é de caneco, em algum canto da casa ou na porta dela. Ninguém tem água encanada, independentemente de ter ou não dinheiro para construir um sistema de abastecimento residencial.

Na estação chuvosa, entre dezembro e março, as pessoas sofrem com goteiras e com a falta de telhado. Quando recebe da ACNUR a autorização para construir sua casa em determinado local, a família tem direito a uma lona de plástico para fazer a cobertura. Em pouco tempo, ela se desfaz, desnudando ainda mais a miséria.

Nos sentamos em tamboretes e cadeiras de plástico, rapidamente conseguidos em empréstimo na vizinhança. Móveis são raros, quando muito há um toco de madeira. Não cabe muita coisa dentro das casas, assim como poucos têm dinheiro para mobiliá-las. Todos normalmente dormem juntos, sobre esteiras espalhadas pelo chão de terra batida. É também uma forma de se manter aquecido no inverno. Em julho e agosto, faz muito frio no Malawi.

Em uma sala escura, logo iniciamos a conversa.

Meu pai morreu antes de eu nascer, não o conheci. Morreu de doença, assim como a irmã mais velha dele. Fomos morar na casa de minha avó materna, e tive mãe só até o dia em que ela se casou novamente e se foi, levando embora a informação do dia e do mês em que nasci. O ano, dizem, foi 1970. Fui dado para a família de minha avó. Morávamos em Cibitoke, em uma casa cheia de gente, entre pessoas que iam e vinham, entravam e saíam de nossas vidas. Poucas foram as que conosco criaram raízes.

Pude ir à escola até a quarta série primária, havia sempre quem pudesse pagar para mim. Até que um dia alguém chegou lá dizendo que os brancos estavam formando professores de tênis. Na capital havia só três professores, dois ruandeses e um congolês. Eu mal conhecia o esporte, mas não tinha muita escolha. Estavam chegando muitos belgas à cidade, e eles adoravam jogar tênis. Decidi trocar a carteira da escola pela quadra, em Bujumbura.

Fomos treinados pelos brancos em suas roupas brancas e tênis ainda mais brancos. Em 1985, me formei treinador, mas levou cinco anos até eu ser reconhecido e ganhar espaço dentro do esporte, que ainda era praticamente só para brancos. O que eu fiz nesse ínterim? Fiz tanta coisa e ao mesmo tempo nada. É difícil descrever.

Vivo um dia de cada vez atrás de comida, de onde dormir, do que vestir. Vou atrás de companhias em quem possa confiar, busco algo com que possa preencher a cabeça, tempo de sobra não é nada fácil administrar. Mas acaba passando, as marcas ficam no corpo para nos lembrar do preço que se paga para chegar aonde se chega; no nada, mas ainda se respira.

Com uma carreira promissora, chegou a hora do meu casamento. Eu precisava procurar uma mulher. A vida me obrigou a isso. Eu morava muito longe da minha família e sentia muita solidão. Sentia falta de minha mãe, apesar de não ter vivido muito tempo com ela, e de minha avó, apesar de ela ter tido muito pouco tempo para mim.

Precisava de alguém que tomasse conta da casa, precisava de uma família, de ter filhos, pessoas que me enxergassem e que eu também pudesse enxergar. Em pouco tempo, encontrei uma mulher que considerei que seria uma boa esposa. E foi. Deus permitiu que tivéssemos seis filhos, três meninos e três meninas. Como treinador, consegui ter uma vida confortável, casa grande, dois carros e um pequeno comércio de tudo um pouco, que minha mulher odiava, mas tocava. Eu dava aulas para os funcionários da Organização das Nações Unidas que tentavam manter a paz em Burundi. Até que tudo começou a ruir.

Somos tutsis e fomos vítimas dos rebeldes hutus. Já havia passado alguns meses desde que Ndadaye, um hutu presidente de Burundi, tinha sido assassinado. Acusaram os tutsis. Não havia mais brancos para a gente pedir ajuda, ninguém para intermediar nossas disputas. Para mim, foi como perder todos os *sets* quando o jogo mal havia começado.

Era tarde da noite quando eles chegaram. Estávamos assistindo a um jogo da Copa do Mundo de Futebol, que estava acontecendo nos Estados Unidos,[12] e os ouvimos esmurrando a porta. Da janela, vi que tinha muitos deles no portão de casa e disse para as crianças fugirem.

Abri a janela, bati com os pés na grade que ficava do lado de fora e consegui saltar. De fora eu esperava acolher cada um de meus filhos, mas não deu tempo. Minha mulher não conseguiu passar, nem as crianças. Meu filho mais velho conseguiu fugir por outra janela. Mataram a todos os outros em muito pouco tempo.

Escondido no jardim, ouvi os gritos deles, os gritos da minha mulher, os gritos das crianças. Gritos! Gritos! Pedidos de socorro, implorando por suas vidas. Fiquei paralisado entre minha vida e a deles. Eram muitos homens para eu enfrentar, assim como minha culpa é muita para enfrentar sozinho.

Aos gritos, pediram que ela assinasse o cheque com tudo o que tínhamos no banco e prometeram deixá-la ir. Ela obedeceu, mas eles descumpriram o acordo. Minha família foi morta porque poderia denunciá-los. Esperei a hora mais segura para entrar em casa. Eu os vi saindo, rindo e conversando como amigos costumam

---

[12] A Copa do Mundo de Futebol da FIFA nos Estados Unidos aconteceu de 17 de junho a 17 de julho de 1994.

fazer no fim da noite depois de um encontro no bar. Os corpos sujos de sangue dos pés à cabeça pareciam não lembrá-los de que tinham acabado de executar uma família. Era apenas o resultado de mais uma noite de trabalho.

Custei a ter forças para sair do esconderijo no jardim, e a primeira coisa que me veio à cabeça foi que eu não deveria entrar em casa pela porta que eles arrombaram. Tentei voltar pela janela por onde eu havia saído. Quem sabe tudo aquilo não poderia ser desfeito? Quem sabe não aconteceu, foi só minha imaginação?

Quando se vive com medo, não é raro fantasiar como seriam os ataques. Eu sempre criava em minha mente um ataque na machamba à luz do sol, como a golpear de forma irresponsável um pé de milho. Nunca imaginei uma invasão, à luz da lua, do lugar onde minha família se recolhia e se sentia protegida. Esse santuário impenetrável foi minha fantasia real.

Custei a conseguir dar o primeiro passo em direção à casa. A cena que vi, nunca soube descrever, e a cada dia se torna mais nebulosa em minha cabeça. Nebulosa e sombria. Resta dizer que deixei lá todos eles, no silêncio próprio dos mortos, um som que me persegue, como a me lembrar que o maior de todos os castigos é ter sido condenado a permanecer vivo.

Tomei a decisão de fugir naquela mesma noite, e na madrugada já havia deixado os limites de Bujumbura. Dentro do bolso, nem um centavo, só um tíquete de *permit*, documento que permitia o uso do transporte público. Ninguém fica pronto para fugir, por mais que saibamos que um dia isso possa acontecer. É possível carregar apenas o corpo, comandado por uma mente vazia de planos e cheia de medos.

De dia e de noite era só caminhar, sem parada, sem descanso. Aqui e ali, fui conseguindo um pouco de comida que eu pedia; quase implorava às vezes, também, por algum dinheiro para que pudesse chegar a Kigoma, na Tanzânia. Sabia que se seguisse a rota pelo lago Tanganyika, eu atravessaria a fronteira e chegaria até lá.

Passei por Kabezi, Mutumba, Magara, Minago, Rumonge, Mutambara, Karonda, Kigwena, Mwamgongo. Tinha andado cinco dias e meio, meus pés inchados, feridos. Minha cabeça não estava bem, até que cheguei em Kigoma e me juntei a outros fugitivos. Lá procurei colegas treinadores de tênis. Foram eles que me deram dinheiro para que eu pudesse chegar ao Malawi. Não havia como eu ficar na Tanzânia, pois os campos de refugiados lá estavam lotados e, àquela altura, eu desejava estar o mais longe possível do meu país.

Cheguei a Dzaleka e não encontrei ninguém conhecido. Adoeci, quase morri por causa do pensamento, a cabeça não tinha capacidade de compreender. Imagens repassadas, muitas delas criadas para substituir as reais que insistiam em tomar de susto minha memória. Onde está sua família? Onde estão seus alunos? Sua casa? Seus pertences? Seus tênis brancos de marca trazidos pelos belgas que se diziam amigos?

Agora, nem as lembranças boas ou ruins, apenas fantasmas bons e ruins. Ao mesmo tempo que me esforço para não esquecer a cara de cada um que morreu naquela noite, evito lembrar. Como não tive forças para enterrar as partes a que foram reduzidos, prefiro não dar vida às minhas lembranças.

E também tinha a fome. Sobrevivi por meio da ajuda de outras pessoas. Aprendi a fazer tijolos: cavar buracos em frente às casas, buscar água longe, amassar com as mãos, pois os pés estavam feridos demais, enformar e rezar para o sol ser suficiente e secar a tempo de entregar em troca de centavos. Meu corpo vivia marrom, fosco, me transformando em um prolongamento da terra, do chão com o qual um dia, enterrado, vou me misturar.

Era preciso fazer muitos tijolos para conseguir comprar um ovo ou cinco tomates pequenos já prontos para apodrecer, como cada um de nós. Quando muita gente estava fazendo tijolos e poucos comprando, fui ajudar no cultivo para conseguir alguma recompensa. Acabei me acostumando a trabalhar muito e a comer pouco.

Vi que em Dzaleka não se praticava tênis e tive a ideia de tentar voltar a ensinar. Ganhei três raquetes de uma mulher estrangeira que se interessou em me ajudar. As crianças do campo nunca tinham visto uma raquete, achavam que era para matar mosquito, como as que têm pilha e são vendidas no mercado.

No início foi difícil, mas aos poucos estou conseguindo atrair principalmente as crianças que frequentam o projeto da ONG Fraternidade sem Fronteiras. Aqui ninguém tem dinheiro para pagar pelas aulas. Ganhei mais sete raquetes de treinadores malawianos para começar o serviço, que é voluntário. Para ter o que comer, trabalho como segurança. Aqui em Dzaleka encontrei uma mulher, tutsi de Burundi como eu, que também estava sozinha. Juntos temos dois filhos, muita lembrança ruim e mais nada. Moramos em uma casa alugada que, quando chove, não nos protege. *Mapokezi*,[13] não recebo mais.

O único filho que conseguiu sair de casa naquela noite, nunca mais vi. Ele estava sozinho e fugiu à sua maneira. Hoje deve ter uns 40 anos. Não sei onde está, ninguém sabe, certa vez ouvi falar que conseguiu chegar à Tanzânia. Tenho medo de não o reconhecer se um dia vier a reencontrá-lo. Sobreviventes, eu e meu filho seremos perseguidos para sempre porque sabemos quem matou nossa família. Oro a Deus para nos ajudar, pois estaremos sempre correndo perigo.

A luta entre tutsis e hutus não acaba nunca. Tem grupos, milícias, essas são as mais fortes. Cada província é mantida sob terror, eles temem perder o poder e matam quem possa atrapalhar, seja de qual etnia for, até mesmo da deles. Queremos um lugar onde nossos filhos tenham paz depois que morrermos. Cansei de tentar entender por que tudo isso aconteceu comigo. Existe o conhecimento que é só de Deus. Esse, não tenho. A vontade Dele foi essa. Aceito e vou. Sei que Deus ainda se lembra de mim.

---

[13] Ajuda de custo mensal dada pela ACNUR a algumas famílias que vivem em Dzaleka. Em 2023, era o equivalente a 7 dólares americanos, o suficiente para comprar uma dúzia de ovos de galinha.

10
TEMPO DE SEGUIR

Quando vou para Dzaleka, me preparo meses antes. Com antecedência, planejo minhas malas, duas de 23 quilos, que é o correspondente à franquia das minhas passagens. Estou sempre adicionando umas coisas, retirando outras. A cada momento, uma prioridade entre os materiais de costura que compro ou ganho.

Deixo para adquirir *in loco* apenas as máquinas de costura e os tecidos. De maneira geral, quem visita o projeto está interessado em comprar peças feitas pelos nossos costureiros e costureiras. Da primeira vez que fui, tive a ideia de levar uma máquina que havia ganhado. "Que diferença fará uma única máquina?", me questionei. Consegui levar quatro, invadindo malas de outros caravaneiros que eu não conhecia.

Meu objetivo era ensinar corte e costura, e eu desconhecia por completo o público com o qual ia lidar. Li o que pude sobre a história do Malawi sem saber que não ia conviver com muitos nativos, muito menos rodar país afora. Uma amiga com experiência em cursos em regiões carentes me sugeriu, sabiamente, não ter mais alunos que o número de máquinas. Achei essa dica uma crueldade. Imagine ir tão longe e ensinar apenas a oito pessoas, divididas em duas turmas diárias? Podem se inscrever oito alunos em cada turno, foi minha ordem ingênua.

Quando chegamos, já era fim de tarde. Tivemos uma recepção linda. Burundianos tocavam seus tambores, congoleses dançavam, ruandeses cantavam para o grupo que era composto de muitos profissionais de saúde. À noite comemos chapati, um pão à base de farinha de trigo preparado em uma chapa bem quente besuntada com muito óleo. O recheio poderia ser ovo – a iguaria mais nobre – ou molho de tomate.

No outro dia, no café da manhã, comemos pão com pasta de amendoim, produzida em larga escala no país, e frutas. Nada de queijo, leite fresco, ovos, carne, manteiga, porque o preço é exorbitante. Dormimos na casa do caravaneiro, que abriga uma cozinha, um refeitório grande – onde também são feitas reuniões – e dois grandes quartos. Em cada quarto, dez beliches de duas camas cada, um banheiro com dois chuveiros frios e dois vasos sanitários. Quem quer água quente, toma banho de caneco.

Ouvimos, em linhas gerais, a história de Dzaleka e fomos conhecer as ruas e seus habitantes. Os mais sensíveis se chocam logo no início. Não há pobreza, há miséria em grau elevado, porque não se reduz à fome e à falta de recursos materiais. A cada história, um exemplo vivo de nossa capacidade de sermos desumanos. Não há coleta de lixo nos moldes que conhecemos. O pouco de lixo que é produzido é disputado por seu potencial de servir para alguma coisa.

Quem ainda não tinha conseguido receber um pequeno pedaço de terra para levantar sua casa estava na área de trânsito. Não há banheiro, pia nem janelas. Há pessoas, restos e ratos. Voltamos às ruelas de chão batido pelos passos de 55 mil pessoas que carregam seus galões de água para cima e para baixo, suas trouxas de roupa equilibradas na cabeça, pequenas sacolas com algo de comer, e moram em barracos encostados em outros barracos, como um dominó a ponto de ruir.

Crianças, muitas crianças, imundas, soltas, disputando nossas mãos, pedindo nossos bonés, garrafinhas, dinheiro, atenção. Adultos se aproximam pedindo trabalho, cuidados médicos, comida; outros, acostumados a serem vítimas de descaso, falam palavras para nós desconhecidas, mas carregadas de um tipo de repreensão fácil de perceber.

Os brancos não são bem-vindos, nem bem vistos, por todos. Infelizmente, no nosso grupo não havia um único brasileiro preto; a maioria, de classe média alta, reproduz os extratos sociais de nosso país. Somos nós que temos condições de pagar para estar ali. Mesmo que a intenção seja a melhor possível, até que provemos o contrário, somos intrusos.

De volta ao projeto, todos iriam começar a trabalhar depois do almoço. Minha intenção era conhecer o espaço reservado para a oficina de costura e passar a tarde colocando tudo no lugar. Para minha surpresa, mal tinha acabado de colocar a última garfada de comida na boca quando a congolesa responsável pelas inscrições me disse:

– Madame, sei que a senhora pediu oito alunos por turno, mas vieram trinta e três pessoas, que estão lá fora te esperando. Mas a senhora é que vai decidir o que fazer com todas elas.

Eu nunca tinha me aventurado a ensinar costura, não falava a língua deles, estava com tudo espalhado em várias malas. Diante dos olhares curiosos e esperançosos de todos, a maioria mulheres, não tive forças nem coragem para dispensar ninguém, apenas para dividi-los em dois grupos. Um começa agora e o outro volta amanhã cedo. Me foram cedidas quatro mesas de plástico pequenas, algumas cadeiras, uma sala vazia e uma tradutora, a Grayce. Juntas, abrimos as malas e, à medida que eu ia encontrando o material, ia ensinando alguma coisa.

No outro dia descobri que o Malawi não produzia eletricidade; importava, por dia, seis horas de energia de usinas hidrelétricas da África do Sul, e não seria no campo de refugiados e em seu entorno que ela chegaria. Tínhamos à disposição uma placa fotovoltaica ligada a uma bateria que era transportada para lá e para cá pelos amigos eletricistas. Resultado: conseguimos fazer as quatro máquinas funcionarem por apenas duas horas em cada turno. Percebi o quanto os refugiados estão habituados a esperar por sua vez de serem atendidos, excetuando quando se trata de distribuição de comida e acesso aos médicos, até porque, com fome e dor, não há boas maneiras que resistam.

Ao final do segundo dia, minhas costas doíam tanto que precisei ser medicada e massageada. Definitivamente, atender a todas aquelas pessoas não era saudável nem para mim nem para elas. Pedi que os quatro mais habilidosos voltassem nos outros dias e dispensei os demais. Chamei um refugiado que sabia falar português para ajudar na tradução. Eu precisava que eles entendessem o porquê das dispensas. Eu e Grayce tínhamos sérias dificuldades de comunicação, e, naquele momento, não podia haver falhas. Seria mais produtivo ensinar a poucos para que estes, depois, pudessem passar os conhecimentos a pequenos grupos.

A reação deles foi de tristeza e a minha, de frustração. Naquele momento me fiz uma promessa: com tempo e planejamento, vamos construir uma oficina de costura com espaço não apenas para produção de peças, mas também para formar costureiros e costureiras. Resolvemos a questão da energia investindo alto em equipamentos fotovoltaicos e aos poucos estamos substituindo as máquinas domésticas por industriais, ainda que sucateadas. Porém, não dispensamos as movidas a pedal, que eles manejam muito bem.

Em maio de 2023, quando cheguei em Dzaleka com o objetivo principal de colher os depoimentos para transformar neste livro, descobri, para minha alegria, que eu havia me tornado uma figura decorativa para a oficina de costura. Os onze membros da Ubuntu Nation[14] (nome dado à linha de produtos e às oficinas de costura da ONG Fraternidade sem Fronteiras) a administram praticamente sozinhos. São eles que criam muitos dos modelos, os desenvolvem e os vendem para brasileiros, estadunidenses e franceses que mensalmente chegam ao projeto para desenvolver trabalhos voluntários em diversas frentes.

Tiram as medidas e, ao estilo congolês, riscam o modelo diretamente no tecido. Depois, cortam. Acostumados a fazer roupas bem apertadas no corpo, ao gosto das mulheres e homens do campo, perceberam que as estrangeiras preferem peças um pouco mais soltas. Nesse ponto entra o que aprenderam comigo: como fazer a cava mais decotada e o gavião anatômico, duas diferenças básicas entre nossos métodos de modelar.

---

[14] Para saber mais, visite o Instagram @ubuntu.fsf.

Alguns dos alunos que passaram pela oficina hoje tocam seu próprio negócio ou trabalham para ateliês de costura espalhados pelo campo. A renda adquirida com a venda das peças paga o trabalho de cada um deles, e o excedente é empregado em setores como a agrofloresta, a educação ou a construção de casas no campo, ajudando famílias a saírem da área de trânsito.

As coisas estão mudando, melhorando a passos lentos. O campo de Dzaleka permanece sendo destino para a maioria dos refugiados que chegam mensalmente, às centenas, com a expectativa de encontrar um pouco de paz. Muitos dos que lá nasceram não conhecem outras paragens. Não podem escolher nada – o que comer, o que vestir, aonde ir. Dependem de que os outros lhes concedam o direito de ser e de ter. Mesmo sabendo que aquele território abriga tanto vítimas como algozes, que ali a fome impera e as oportunidades de sair da pobreza são raras, sua vida pulsa.

Eu gostaria de ter ido à casa das pessoas que se dispuseram a me contar sua história, mas nem todas tinham um local onde pudessem me receber. Muitas vezes, era eu quem abria a porta para elas, fosse da oficina de costura, de alguma sala do projeto ou de espaços abandonados dentro do campo de refugiados.

Ficava observando aquelas senhoras aparentemente frágeis, sem saber onde colocar as mãos – se sobre a bolsa rota ou sobre o colo –, agarradas ao documento que as identifica. Algumas com dificuldade em ceder ao meu abraço apertado e ao meu beijo na bochecha ou nas mãos. Como aquela pessoa conseguiu chegar até ali? Alguns homens, quando choravam, tapavam o rosto em uma clara demonstração de vergonha de que aquilo pudesse parecer sinal de fraqueza. Como se fosse possível esconder a dor entre as mãos calejadas. Observo os pés mal calçados e maltratados, os joelhos machucados, a pele enrugada pelo sol, pelo sofrimento, pelo peso da vida. Quanta força interior! Cada lágrima, cada engasgo, cada engolida a seco tinha um significado não verbal. A mim coube respeitar todas as narrativas e reverenciá-los um a um.

Ao final, a maioria se despedia de mim e partia. Nem olhava para trás, na tentativa de gravar meu rosto na mente. Parecia-lhes natural contar suas histórias. O que eu iria fazer com aquelas palavras, com aquelas catarses, passou a ser um problema meu. Não é minha intenção dar voz a alguém. A voz pertence a cada um, é propriedade do indivíduo. Dei a eles dois ouvidos, uma mente e um coração, todos meus, que por meses digeriram as histórias e agora tentam honrá-las.

Enquanto alguém lê este livro, estão ocorrendo estupros, sequestros de crianças e chacinas de civis em vários pontos da República Democrática do Congo, do Burundi e de Ruanda, assim como membros da comunidade LGBTQIAPN+ estão sendo perseguidos e humilhados na maior parte dos países do continente africano. Os genocídios ainda estão em curso, acredite ou não. O resto do mundo se choca apenas com outras guerras: em 2023, alternava sua preocupação com os conflitos entre Rússia e Ucrânia, entre palestinos e israelenses, como se fossem os únicos ou os mais sangrentos e amorais que estavam ocorrendo.

À África resta ficar camuflada, disfarçada de uma floresta primitiva onde vivem animais ferozes e um povo de maneiras, culturas e trajes exóticos e, claro, um manancial de riquezas minerais prontas para serem exploradas e roubadas. Vidas negras, de fato, importam? O que dizer daquelas que vivem em um continente amordaçado pela história, silenciado pela versão dos colonizadores e negligenciado por quem deveria promover a paz?

A fome e a miséria, o acesso precário à educação, à saúde e à infraestrutura básica, todo tipo possível de abuso e de violência pouco incomodam aos demais. Importam quando grupos de celebridades internacionais e ativistas de ONGs que defendem os direitos humanos fazem estardalhaços pontuais para chamar a atenção do mundo "civilizado", que se mobiliza em campanhas de curto prazo, com resultados ainda mais curtos. Em pouco tempo, volta a ser um continente esquecido.

"Há um lugar para mim na casa do meu pai", acreditam, projetando, para depois da morte, a vida que mereciam aqui e agora.

*

Quem quer Kombucha?

Este livro foi composto com tipografia Adobe Garamond Pro e impresso em papel Off-White 80 g/m² na Formato Artes Gráficas.